LIEBESZAUBER

TITANIAS BUCH DER LIEBESMAGIE

LIEBESZAUBER
TITANIAS BUCH
DER LIEBESMAGIE
TITANIA HARDIE
FOTOS VON SARA MORRIS
KOSMOS VERLAG

Autorin und Verlag möchten dieses Buch Martin Doyle
(1948–1997) und seiner geliebten Solange widmen:

Ein jedes Ding bewegt sich seinem Ende zu,

Nur unsere Liebe weiss von keinem Tod:

Sie hat kein Morgen und sie kennt ein Gestern nicht,

Eilt stets voran und geht doch niemals von uns fort,

Bewahrt vielmehr den ersten, letzten, ew'gen Tag.

Johne Donne

Titel der Originalausgabe:
Bewitched Titania's Book of Love Spells
unter der ISBN 1 89 9988 22 X
Copyright © 1997 Quadrille Publishing Limited,
Alhambra House, 27 – 31 Charing Cross Road, London WC2H OLS

© Text Copyright 1997 Titania Hardie
© Photographs 1997 Sara Morris
© Layout und Design Quadrille Publishing Ltd 1997

Aus dem Englischen übersetzt von Eric D. Lombert
Umschlaggestaltung von Atelier Reichert, Stuttgart

Die deutsche Bibliothek – CIP-Einheitsaufnahme
Liebeszauber: Titanias Buch der Liebesmagie /
Titania Hardie. Fotos von Sara Morris.
[Aus dem Engl. übers. von Eric D. Lombert]. -
Stuttgart: Kosmos-Verl., 1998
Einheitssacht.: Bewitched <dt.>
ISBN 3-440-07692-X
Für die deutschsprachige Ausgabe:
© 1998, Franckh-Kosmos Verlags-GmbH & Co., Stuttgart
Alle Rechte vorbehalten
ISBN 3-440-07692-X

Herstellung: Die Herstellung, Stuttgart
Satz: Utesch, Hamburg. Printed in Italy/Imprime en Italie

Eine Einführung in den Zauber der Liebe ♥ DAS THEMA

LIEBE IST DIE GROSSE INSPIRATION DER DICHTER UND MALER. Meistens gehört es zum inneren Kern des Dramas, das wir betrachten, dies Lied, das wir hören, des Buches, das wir lesen. Der Erfolg oder das Scheitern einer Liebesbeziehung steht im Mittelpunkt von Gesprächen, die wir mit Freunden haben; vielleicht spielt Liebe eine Rolle bei der Wahl des Parfüms oder der Kleidung, die wir kaufen. Und dennoch: Selbst der Klügste von uns versteht möglicherweise nicht, weshalb und wie es kommt, daß zwei Menschen einander lieben. Ebensowenig können wir sagen, warum eine scheinbar perfekte Beziehung fehlschlägt und eine andere, die von allen Umstehenden als eine sehr merkwürdige Verbindung angesehen wird, alle Prüfungen der Gefühle überdauert. ♥ IST LIEBE ALSO ZUFALL? Zum Teil gewiß, denn es muß der Zufall sein, der viele Begegnungen herbeiführt. Die meisten Menschen lernen einander bei der Arbeit oder gemeinsamen Freunden kennen, aber wie viele Begegnungen haben Liebende nicht an den unmöglichsten Orten zusammengeführt – am anderen Ende der Welt, in Warteschlangen und Versammlungen, in denen sie normalerweise nicht zu finden sind? Sind die Wege der Liebe also voller Geheimnisse? Wiederum und zumindest zum Teil: ja. Zwar werden die Psychologen alles Erdenkliche versuchen, um zu rationalisieren, weshalb eine Liebe aufblüht oder warum sie überhaupt Wurzeln treibt; und ganz gewiß werden sie erklären, welche Persönlichkeiten dazu verdammt sind, schmerzliche Erfahrungen zu wiederholen. Dennoch, viele Dinge entziehen sich einer nüchtern Erklärung: Immer und immer wieder und aus keinem ersichtlichen Grund tun sich die unmöglichsten Paare zusammen oder – was trauriger ist – versagen scheinbar ideal zueinander passende Menschen in der Liebe, weil einer nicht ganz den Erwartungen des anderen entspricht. ♥ ALSO BETRITT DIE MAGIE DIE BÜHNE – UND WAS KÖNNTE PASSENDER SEIN? Shakespeare griff häufig auf Zaubertränke und Rituale zurück, um die Handlung eines Dramas voranzutreiben, und viele andere Autoren machen von Elixieren, Zaubern, Mythen und Mysterien Gebrauch, um ihre Geschichten von der Liebe zu einem Ende zu führen. Paare, die ich kenne und die auch viele Jahre nach ihrer ersten Begegnung noch überrascht von – und neugierig aufeinander sind, haben sich gegenseitig im wahrsten Sinne »verhext«. Sie sprechen von der »Magie« ihrer Beziehung, von den verklärenden Eigenschaften ihrer Verbindung. Solch gesegnete Liebende haben anscheinend die Alchimie der Liebe entdeckt – ihre Kraft, selbstsüchtige Gefühle in einen goldenen, transzendenten Zustand zu verwandeln.

♥ Diese Gedanken sind mehr als nur Wortspielereien: Die Magische Liebe ist jedem von uns möglich. In diesem Buch finden sich Rituale, die von einer Generation zur nächsten weitergereicht wurden, die uns zeigen, wie wir jemandem begegnen, ihn oder sie für uns gewinnen und immer wieder für uns begeistern können. Manche dieser Zauber sind spielerisch, andere lustig, einige sind poetisch, andere hochwirksam; einige setzen voraus, daß wir nach innen schauen, um nachzusehen, ob früher erlebtes Unglück in der Liebe durch eine andere Einstellung, d. h. eine neue und positivere Haltung vermieden werden kann. ♥ Ganz sicher gibt es eine geistige Verfassung, die dem Wunsch, geliebt zu werden, zuträglich ist. Sie beginnt damit, daß man zumindest leidlich mit sich selbst zufrieden ist; denn wenn wir selbst uns nicht lieben, wie können wir dann von anderen erwarten, daß sie uns liebenswert finden? Wenn wir voller Selbstzweifel sind, wie können wir dann hoffen, eine einmal gefundene Liebe gelassen weiterentwickeln zu können? Die Menschen, von denen es heißt, sie hätten Glück in der Liebe, haben dieses spezielle Gefühl des Selbstwertes, das sie in einem überfüllten Raum anziehender macht als jedes Supermodel und jeden Popstar. Wenn Sie gerade dabei sind, sich zu verlieben, dann geht von Ihnen ein solch rätselhaftes Strahlen aus, daß andere sich zu Ihnen hingezogen fühlen; wenn Sie andererseits eine Liebe verloren haben, signalisieren Sie Unsicherheit, Zerbrechlichkeit sowie Verzweiflung und veranlassen andere, Sie fast schon instinktiv zu meiden. Aber das muß nicht so sein … ♥ Wenn etwas in unserer Körpersprache und Psyche andere in die Lage versetzt, zu sehen und zu begreifen, wonach wir suchen, wenn ein Raum voller unbekannter Menschen auf die Signale reagiert, die wir aussenden, dann sollten wir lernen, dies in unserem Liebeswerben zu nutzen. Vielleicht ist dies die ganze Magie der Liebe: Durch Rituale, die Verwendung von Ölen und Düften und dadurch, daß wir uns in einen beinahe hypnotischen Zustand versetzen, können wir unsere Körper- und Zeichensprache verbessern, um eine positivere Liebe für uns zu gewinnen. Durch magische Spiele und Zeremonien können wir unser Bewußtsein dessen, was das Glück einer Beziehung am Leben erhält, erhöhen und vielleicht sogar lernen, diese Beziehung auf eine höhere Ebene der Gemeinsamkeit zu führen.

Wirksam zaubern ❤ DAMIT EIN ZAUBER WIRKEN KANN, MUSS IHR GEIST SEHR STARK UND

KONZENTRIERT SEIN. Sie führen eine magische Umwandlung dadurch herbei, daß Sie Ihre Gedanken auf einen Sachverhalt ausrichten und ihn wie ein sehr starker Magnet an sich ziehen. Manchmal werden die konkreten physikalischen Eigenschaften von Kräutern, Tränken und Düften eingesetzt; immer jedoch gibt es ein Ritual, das diese »Gedankenkraft« nutzt. Es handelt sich hier um eine sehr lebendige Quelle, nicht um ein Spielzeug. Ich erinnere mich noch gut daran, wie meine Mutter (ebenfalls Tochter einer weißen Hexe) mich eindringlich ermahnte, vorsichtig zu sein mit meinen Wünschen, denn sie könnten in Erfüllung gehen! Mit anderen Worten: Bestimmen Sie sorgfältig Ihre Ziele, und denken Sie an die Folgen des von Ihnen ausgelösten Zaubers für Sie selbst und andere. Es ist einfach nicht fair, jemandem die geliebte Person auszuspannen (andererseits ist nichts gegen einen kleinen Zauber einzuwenden, wenn dieser jemandem hilft, sich aus einer Beziehung zu lösen, die eindeutig an ihrem Ende angelangt ist). Wenn die Absichten, die Sie beim Zaubern verfolgen, ausschließlich selbstsüchtig sind, werden Sie dies irgendwann bereuen, denn zur Zauberei gehört die Überzeugung, daß die eigenen Taten dreifach auf die zaubernde Person zurückfallen: Liebevolles, positives und selbstloses Handeln wird dreifach belohnt; anderseits wird Sie der Versuch, andere durch einen Zauber gegen ihren Willen an Sie zu binden, in großes Elend stürzen. ❤ ABER WENN WIR DAVON AUSGEHEN, DASS IHRE MOTIVE REDLICH SIND, DANN IST ES VON GROSSER BEDEUTUNG, DASS IHR ZAUBER AUCH ERFOLGREICH IST. In meinem ersten Buch Hokus Pokus (auch erschienen im Kosmos Verlag), dessen Absicht es war, das Zaubern für einen großen Bereich des täglichen Lebens einzuführen, war es nicht notwendig, daß ich auf bestimmte Vorschriften zur Vorbereitung der Zaubersprüche einging. Bei den speziellen Liebeszaubern dagegen kann ich Ihnen nicht eindringlich genug raten, jeden einzelnen Zauber gründlich vorzubereiten. Wenn es um die Liebe geht, befassen Sie sich mit einem empfindlichen Teil Ihrer Psyche und der einer anderen Person; es ist daher unumgänglich, daß Sie sich von jedem negativen Gefühl reinigen, ihre Motive erforschen und jede Unausgeglichenheit in Ihrer eigenen Persönlichkeit, wie zum Beispiel besitzergreifende oder zwanghafte Neigungen, verringern oder sogar beseitigen. Am besten erreichen Sie dies durch Farbatmen, eine einfache, aber sehr wirksame Technik, mit deren Hilfe Sie die Wärme von Farben und heilende Strahlen in Ihr eigenes Sein holen und dann die Gedanken, die Sie beim Zaubern aussenden, in diese besonderen Farben einhüllen, damit diese von der jeweils anderen Person so gut wie möglich aufgenommen werden können.

Farbatmen ❤

DIE VERWENDUNG VON FARBEN BEIM ZAUBERN IST SO ALT WIE DAS PHÄNOMEN SELBST. Die großen indischen, arabischen und abendländischen Alchimisten, die sich ursprünglich mit der Medizin und weniger mit der Herstellung von Gold befaßten, benutzten unterschiedliche Farbtöne in der Hoffnung, die Schwingungszahlen von unedlen Metallen zu beeinflussen. Die Wirkung von Farben auf die individuelle Psyche ist längst nachgewiesen, und wir beginnen zu begreifen, wie sie zur Behandlung seelischer Störungen eingesetzt werden können. Wenn man beispielsweise eine unter Streß stehende Person der Farbe Rot aussetzt, regt sie sich noch mehr auf, wohingegen sich ein hyperaktives Kind in einem rosafarbenen Zimmer schnell beruhigt. ❤ ZU VIELEN MAGISCHEN RITUALEN GEHÖRT ES, DIE SINNE IN FARBEN ZU TAUCHEN, BEVOR MAN DEN EIGENTLICHEN ZAUBER AUSLÖST UND HOCHWIRKSAME GEDANKENKRÄFTE LOSSCHICKT. Dies setzt voraus, daß man diese Farbe sorgfältig an die bevorstehende Aufgabe anpaßt. Dabei gibt es zum Teil feste Regeln, zum Teil ist es jedoch auch möglich, eine persönliche Wahl zu treffen und so dem Zauber eine Art »Unterschrift« zu geben. Mit anderen Worten: Wenn Sie zaubern, um zu heilen, sollten Sie im blau/grünen Farbfeld arbeiten, von dem bekannt ist, daß es einen günstigen Einfluß auf die Selbstheilungskräfte des Körpers hat; aber Sie sollten einen blau/grünen Farbton wählen, auf den Sie persönlich gut reagieren. ❤ IN HERZENSANGELEGENHEITEN KOMMT KEINE FARBE DEM ROSA GLEICH; sie ist seit alters her mit der Liebe verbunden. Je dunkler das Rosa ist, um so mehr Leidenschaft geben Sie ihm mit. Wenn Sie Gelb beimischen, fügen Sie Intellekt hinzu, Blau gibt Treue bei und Rot Lust. ❤ UM IHREM LIEBESZAUBER MEHR KRAFT MITZUGEBEN, SOLLTEN SIE LERNEN, DIE FARBE, MIT DER SIE GERADE ARBEITEN, EINZUATMEN. Entzünden Sie die Kerze(n) (normalerweise eine in der für den Zauber vorgeschriebenen und eine in der von Ihnen gewählten Farbe, siehe Anhang, Seite 112), dann inhalieren Sie das Gefühl der Farbe zusammen mit dem Duft, der sich möglicherweise bereits in der Kerze befindet. Sie tun dies, indem Sie sich lebhaft vorstellen, wie die Farbe in Ihre Lungen, Ihren Brustkasten und Kopf und in Ihr Herz eindringt und sich dann allmählich in Ihrem ganzen Körper bis hinunter zu den Zehen ausbreitet. ❤ DIE FARBEN STEHEN IN EINEM ENGEN ZUSAMMENHANG MIT ZAHLEN UND ZIELSETZUNGEN; nachfolgend die entsprechende Liste, die Sie zu Rate ziehen sollten, wenn Sie einen geeigneten Farbton auswählen. FARBE EINS: *Initiationen – Feuerrot.* FARBE ZWEI: *Paare bilden – Lachsrosa.* FARBE DREI: *Gruppen – Bernstein.* FARBE VIER: *Ehe und Familie – Blau/Indigo.* FARBE FÜNF: *Leidenschaft und Handeln – Purpur/Glyzinie.* FARBE SECHS: *Vollkommene Liebe – Rosarot.* FARBE SIEBEN: *Analyse – Ziegelrot.* FARBE ACHT: *Materielle Stabilität – Bronze/Sonnengelb.* FARBE NEUN: *Verzeihen – Olive/Grün.* FARBE ZEHN: *Meisterassoziationen – Silber.* FARBE ELF: *Ihre Bestimmung erreichen – Schwarz und Weiß.*

Duftender Zauber ♥ ICH KOMME HIER AUF DAS THEMA »DUFT IN KERZEN« UND DAS EINAT-

MEN VON DÜFTEN ALS TEIL DES REINIGENDEN UND KRÄFTIGENDEN RITUALS ZU SPRECHEN. Auch Düfte haben einen starken Einfluß auf unser seelisches Bewußtsein und die Signale, die wir an andere aussenden; schließlich beruht auf dieser Tatsache der Erfolg der Parfümindustrie mit ihren Millionenumsätzen. Aber die Designerdüfte haben ihre Vorläufer in den Blumen- und Kräuterwaschlösungen früherer Zeiten; »Lavendel« stammt letztendlich von dem lateinischen Wort für »waschen« ab, und kein Römer, der auf sich hielt, wusch sich, ohne dem Wasser diese wichtige Ingrediens hinzuzufügen. In den Zeiten, als Straßen, Häuser und Menschen weniger sauber waren als heute, galt ein Mensch, der sich mit der Kunst auskannte, mit den Ölen aus Kräutern und Blumen Körper und Haare duften zu lassen, als jemand, der oder die Macht über das andere Geschlecht hatte. Düfte sind also, wenn sie kunstgerecht verwendet werden, wichtige Bestandteile der Zauber, die wir anwenden. ♥ MANCH-MAL IST ES AM EINFACHSTEN, FÜR EINEN BESTIMMTEN ZAUBER KERZEN ZU VERWENDEN, DIE BEREITS PARFÜMIERT SIND: Lavendel, um die Sinne aufzuhellen und die Leidenschaften zu wecken; Rose, um die Umgebung und die eigene seelische Ver-fassung zu reinigen; Rosmarin, um das Gehirn anzuregen und das Denken zu beschleunigen; Melisse (Zitronenmelisse), um eine rasende Wut zu mildern oder die Nerven zu beruhigen; Geranien, um die Stimmung auszugleichen – und so weiter. Es lohnt sich auch, einige Tropfen eines aromatischen Öls auf dem Zauberaltar zu versprengen oder in einer speziellen Duftlampe zu ver-brennen, damit der Duft den Ort greifbar durchdringt. Wenn Sie die Kraft Ihres Zaubers verstärken wollen, gibt es nichts Besseres als ein Reinigungsbad, das mit sorgfältig ausgewählten ätherischen Ölen versetzt worden ist. Wenn Sie auf Parfüm al-lergisch reagieren, stellt vermutlich der chemische Bestandteil das Problem dar; die vorsichtige Verwendung ätherischer Öle oder das Verstreuen der Kräuter selbst dürfte etwas gänzlich anderes sein. Sie sollten auf jeden Fall den Anhang (siehe Seite 112) konsultieren und entscheiden, welcher Duft zu ihren Bedürfnissen paßt, und dann ein wenig experimentieren. Die Luft mit einem kräftigen Wohlgeruch anzureichern ist eine gute Einleitung zu einem Zauberkreis, den zu schaffen sich ebenfalls lohnt, wenn man einen Liebeszauber anwenden möchte.

Der Zauberkreis ❤

ES GIBT VIELE BESCHREIBUNGEN UND ARTEN VON KREISEN, DIE SIE FÜR IHRE ZAUBERZWECKE ANWENDEN KÖNNTEN; die meisten von ihnen stammen aus der Tradition der Druiden. Da andererseits bestimmte druidische Kreise mit dem makabren Ritual eines Menschenopfers verbunden waren, ziehe ich persönlich die Methode meiner Großmutter, einen Kreis zu ziehen, vor, bei der man wie in flüssigem Licht sitzt und erleuchtete Gedanken aussendet. Für sie war diese Methode die Voraussetzung all ihrer Heilzauber, und ich glaube, daß sie auch bei Liebeszaubern eine wichtige Rolle spielen kann. Benutzen Sie sie vor allem, um sich gegen alles Negative zu schützen und um Ihre Kraft zu konzentrieren und zu verstärken. ❤ BENUTZEN SIE KLEINE VOTIVKERZEN, SIE SIND AM SICHERSTEN, WENN SIE IN GESCHLOSSENEN RÄUMEN ODER IM FREIEN ARBEITEN WOLLEN, UND WÄHLEN SIE FARBE UND DUFT NACH WUNSCH AUS. In einer Vollmondnacht stellen Sie sich in die Mitte des Kreises, den Sie schaffen wollen, und stellen Sie im Uhrzeigersinn und im Abstand von jeweils 30 cm die Kerzen zu einem Kreis von etwa anderthalb Metern Durchmesser auf. Streuen Sie je nach Jahreszeit Rosenblätter oder Rosenöl ins Zentrum des Kreises und stellen Sie in seinen südlichen Teil eine kleine Schale mit Wasser. Strecken Sie dann Ihre Arme zum Mond empor, der sich deutlich in Ihrem Blickfeld befinden muß, und ziehen Sie sein Strahlen und Leuchten in Ihren Kreis. Dann entzünden Sie, beginnend im nördlichen Teil des Kreises, im Uhrzeigersinn eine Kerze nach der anderen, wobei Sie, während die Flammen an Kraft gewinnen, in der Mitte des Kreises bleiben. Sobald die Kerzen entzündet sind, stellen Sie sich einen Strahl weißen Lichts vor, der Sie, den Kreis und den Raum, in dem Sie arbeiten, reinigt; anschließend schicken Sie diesen Strahl zu der Person, auf die Ihre Arbeit sich richten soll, und senden Sie ihr Ihre Aufrichtigkeit und positiven Gefühle. Konzentrieren Sie Ihre Energie, bis Sie sie als greifbare Kraft in Ihrem Kreis erleben. Wenn Sie sich des elektrischen Stroms sicher sind, sind Sie auch bereit, die Kräfte mit dem Zauber zu entfesseln, den Sie jetzt anwenden wollen und zu diesem speziellen Zweck ausgesucht haben.

Anmerkung zur Sicherheit ❤

IN DIESEM GANZEN BUCH GIBT ES VIELE ZAUBER, BEI DENEN BRENNENDE KERZEN EINE ROLLE SPIELEN. Bitte achten Sie auf die folgenden Sicherheitsregeln: Stellen Sie eine Kerze vor dem Anzünden immer in einen Halter; stellen Sie sicher, daß sich nichts Brennbares in der Nähe befindet, wie zum Beispiel Vorhänge, die vom Wind in die Flamme geweht werden könnten; lassen Sie eine brennende Kerze niemals unbeaufsichtigt.

AUF DER SUCHE NACH LIEBE

1

DIESES KAPITEL IST ALL JENEN GEWIDMET, AN DEREN NÄCHTLICHEM HIMMEL DER LIEBE KEIN BESONDERER STERN STEHT. Wenn frei und ledig zu sein jeden Reiz verloren hat, dann bieten die folgenden Zauber die perfekte Möglichkeit, an die Himmelstür zu klopfen und denen auf der anderen Seite zu verkünden, daß Sie da sind. Leiten Sie jeden dieser Zauber mit Ihrem magischen Kreis ein, wählen Sie eine hellrosa oder feuerrote Kerze zum Einatmen, und legen Sie dann den Sicherheitsgurt an Ihrem Hexenbesen an, denn nun geht es auf Entdeckungsreise…

Zur eigenen Ehre ♥ EIN ZAUBER, DER ALLEN ANDEREN VORAUSGEHT, alle Zauberarbeit sollte

mit ihm beginnen. Er ist einfach anzuwenden und vor allem im Zusammenspiel mit raffinierteren Zaubern sehr wirkungsvoll.

SIE BRAUCHEN

Ein Foto von sich selbst; dünnes Stickgarn in verschiedenen Farben; einen silbernen Bilderrahmen; mehrere weiße Votivkerzen

MONDPHASE: *Vollmond*

♥ BEI DIESEM ZAUBER GEHT ES VOR ALLEM DARUM, DASS ER IHRE »UNTERSCHRIFT« DARSTELLT, MIT DER SIE ALLE WEITEREN ZAUBER KENNZEICHNEN. Bevor Sie beginnen, richten Sie sich in Ihrem Heim einen Altar oder besonderen Ort ein, der Licht und Liebe ausstrahlt. Dabei wählen Sie Blumen, Farben und Symbole aus, die Sie besonders gern mögen. ♥ IN EINER VOLLMONDNACHT SCHNEIDEN SIE IHR FOTO IN EINE HERZFORM UND BESTICKEN DEN RAND LIEBEVOLL MIT DEM STICKGARN; wählen Sie Farben, die Ihnen gefallen und Ihrer Arbeit etwas Symbolisches verleihen. Singen Sie dabei ein kleines persönliches Lied über die Liebe, das Ihnen gefällt oder das Sie sich selbst ausgedacht haben. ♥ WENN IHRE HANDARBEIT FERTIG IST, LEGEN SIE SIE IN DEN RAHMEN UND STELLEN DIESEN AUF IHREN ALTAR. Stellen Sie bis zum nächsten Vollmond jeden Abend eine brennende Kerze daneben; schon bald wird sich das Glück in der Liebe einstellen.

Anrufung des Abendsterns ❤

EIN BITTZAUBER. Dieser uralte Zauber leitet sich von der Praxis ab, den gütigen Geist der Liebesgöttin anzurufen und sie ehrfürchtig, aber vertrauensvoll zu bitten, sie möge Ihnen eine Liebe schenken, die Ihrer würdig ist. Venus, der Abendstern, ist Ihr ständiger Begleiter; huldigen Sie ihr also mit reinem Herzen, als ob Sie bei ihr Gehör fänden.

SIE BRAUCHEN

Je drei Meter violettes und weißes Seidenband; eine Locke Ihres Haares, bei Sonnenuntergang abgeschnitten; Rosenöl; je drei violette und weiße Votivkerzen in passenden Haltern

MONDPHASE: *Vollmond*

❤ WENN SIE BEI VOLLMOND ARBEITEN, STELLEN SIE SICHER, DASS SEINE KRAFT, DIE UNSERE GEFÜHLE REGIERT, AM GRÖSSTEN IST. Machen Sie einen sechseckigen Stern: Sie wickeln erst das violette, dann das weiße Seidenband jeweils zu einem gleichseitigen Dreieck, anschließend legen Sie das eine Dreieck mit dem Gesicht nach unten so auf das andere, daß sie zusammen einen Stern bilden. In die Mitte dieses Sterns legen Sie Ihre Haarlocke, die Sie mit ein wenig Rosenöl beträufelt haben.

❤ SOBALD DER ABENDSTERN AUFGEGANGEN IST (ZUMEIST GLEICH NACH SONNENUNTERGANG), knien Sie sich vor ihn hin, halten die Votivkerzen in den offenen Händen und sagen: »Venus, Freundin der irdischen Liebenden, mit deinen Gaben stimmst du die Herzen froh. Entdecke mir nun einen Freund, der in Liebe an meine Seite tritt, finde mir einen Gefährten in uneingeschränkter Liebe, und möge ihr Licht meine Liebe reinigen. So sei es. « Stellen Sie in tiefer Ehrfurcht vor der Güte und Wärme wachsender Liebe und im Licht des Abendsterns je eine Kerze auf eine Spitze Ihres Sterns und zünden Sie zunächst die an, die nach Westen zeigt, um den Frühling und die Blumen herbeizuholen. ❤ WENN ALLE KERZEN BRENNEN, SETZEN SIE SICH MITTEN IN DAS STERNENLICHT UND WIEDERHOLEN DIE WORTE. Stellen Sie sich vor, wie Ihr Leben von einer neuen, sanften, allmählich größer werdenden Liebe überstrahlt wird, und geloben Sie, alle Menschen zu lieben und zu ehren, wenn diese Liebe in Ihr Leben tritt. Lassen Sie die Kerzen eine Stunde lang brennen, nehmen Sie dann die Seidenbänder und wickeln Sie sie um Ihre Haarlocke. Legen Sie dieses besondere Zeichen irgendwohin, wo es das Sternenlicht auffangen kann, und warten Sie einen Mondzyklus (28 Tage). Danach wird die Liebe gewiß siegen.

Ein Gebet zur Sonnenwende ♥ EIN OPFER FÜR DIE LIEBESGÖTTIN BEI SON-

NENAUFGANG AM SONNENWENDTAG, GEFOLGT VOM PFLANZEN EINER WEISSEN ROSE. Die Legende sagt, daß an dem Tag, an dem Venus geboren wurde, zunächst ein Schauer von Rosen niederging, der sie dann auf ihrer Reise in einer Muschel bis ans Ufer begleitete – ein Augenblick, der von Botticelli in seinem berühmten Gemälde »Die Geburt der Venus« so wunderbar festgehalten wurde. Traditionsgemäß ist die Sonnenwende der himmlische Moment der Veränderung; sie fällt auf den 21. Juni und den 21. Dezember. Sie können diesen Zauber auch zu den Tagundnachtgleichen am 21. März oder 21. September anwenden.

SIE BRAUCHEN

Zwei kleine Stückchen Papier; einen weißen Rosenbusch (wenn Sie nur einen kleinen Garten oder Balkon haben, genügt ein Miniaturbusch); eine metallene Gießkanne (am besten grün oder silberfarben, aber nicht schwarz); eine Blumenpresse; eine weiße oder blaßrosa Kerze

MONDPHASE: *Vollmond*

♥ AM MORGEN DES VON IHNEN AUSGEWÄHLTEN TAGES MÜSSEN SIE MIT DEM ERSTEN SONNENSTRAHL ERWACHEN UND SEINE LEBENSSPENDENDE WÄRME BEGRÜSSEN. Sie schreiben schnell Ihren Namen auf die beiden Papierstückchen und gehen mit Ihrem Rosenbusch in den Garten oder auf Ihren Balkon, um ihn einzupflanzen. ♥ STRECKEN SIE DER GÖTTIN IHRE GEÖFFNETEN ARME ENTGEGEN, DENN SIE IST ES, AN DIE SIE SICH WENDEN, und sagen Sie ihr, daß Sie die Blume ihr zu Ehren einpflanzen werden, um ihren Zauber und das Geschenk der Liebe in Ihr Leben zu holen. Sehr feierlich und sorgfältig pflanzen Sie den Rosenbusch ein, wobei Sie ein Papierstückchen mit Ihrem Namen darauf wie eine Bittschrift unter die Wurzeln legen. (Als begeisterte Rosengärtnerin muß ich Ihnen raten, sehr viel Pferdemist – den besten Dünger für Rosen – mit beizugeben und die Erde gut zu wässern; auf diese Weise werden sowohl Ihre Pflanze als auch Ihr Zauber gut gedeihen.) Nun heben Sie die Arme zum Himmel und rufen Venus und ihre Begleiter an, Sie mit einer wunderbaren Liebe zu beglücken. Lassen Sie das andere Papier in der Gießkanne schwimmen und wässern Sie die Rose gründlich. Füllen Sie die Gießkanne immer wieder nach und gießen Sie die Rose jeden Tag, bis sie gut angewachsen ist. ♥ ZUR RICHTIGEN JAHRESZEIT WIRD IHRE ROSE BLÜHEN, UND MIT IHR WIRD EINE LIEBE GEBOREN WERDEN. Pressen Sie die erste Blüte und bewahren Sie sie für die Göttin auf; legen Sie sie auf einen Altar zusammen mit der weißen oder rosafarbenen Kerze. Anschließend müssen Sie die Blüten immer wieder pflücken und sie großzügig an alle verteilen, die Liebe in ihrem Leben brauchen.

Wie im Himmel, also auch auf Erden ❤ EIN ZWEITER BITTZAU-

BER. Obwohl dieser Zauber mehr Geduld als die »Anrufung des Abendsterns« erfordert, ist er doch sehr schön und mächtig und schmückt Ihren Garten oder Blumenkasten sehr.

SIE BRAUCHEN

Eine Auswahl von Blumensamen, darunter Stiefmütterchen, Gänseblümchen, Schleifenblumen, Petunien und Phlox (wenn Sie die eine oder andere Blumenart nicht finden können, ersetzen Sie sie durch eine andere; aber achten Sie darauf, nur solche zu wählen, die zur selben Zeit blühen und eine ähnliche Höhe erreichen); eine Handvoll kleiner Muscheln; ein Foto von Ihnen, auf dem Sie glücklich aussehen; eine große feuerrote Kerze

MONDPHASE: *Zu Beginn des Neumonds*

❤ WENN DER FRÜHLING DIE LUFT ZUM ERSTENMAL MIT DEM VERSPRECHEN VON WÄRME UND WACHSTUM WÜRZT, gehen Sie in Ihren Garten oder an ein Fenster, das auf das neue Grün hinausschaut, verneigen sich in die vier Himmelsrichtungen und vor den vier Elementen des Lebens: Erde, Luft, Feuer und Wasser. ❤ ZEICHNEN SIE EINEN FÜNFZACKIGEN STERN IN DIE ERDE DES BLUMENKASTENS oder in eine sonnige Ecke des Gartens. Mit der Spitze einer Pflanzkelle zeichnen Sie eine Furche in den Umriß des Sterns und säen Ihren lebendigen Stern ein, wobei Sie an Kreuzungspunkten Muscheln, die dem Meer heilig sind, dem Venus entstieg, in die Erde setzen. ❤ BEVOR SIE DIE SAMEN AUSSÄEN, STELLEN SIE DAS FOTO IN DIE MITTE DES STERNS und bitten in Ihren eigenen Worten darum, daß die Liebe Ihre Seele segnen möge. Oben auf das Foto stellen Sie die Kerze. Nun säen sie die Blumen aus, an jeder Seite des Sterns eine Sorte; dabei singen Sie fröhlich, denn Venus und ihre Begleiter können schöner Musik nicht widerstehen! Wenn Sie damit fertig sind, begießen Sie die Samen voller Zärtlichkeit, denn Sie sind sich bewußt, daß Sie dazu beitragen, Leben hervorzurufen. Zum Abschluß entzünden Sie die Kerze zur ersten Nacht, in der die Sämlinge wachsen. ❤ PFLEGEN SIE IHREN GARTEN SORGFÄLTIG und schneiden Sie gegebenenfalls Sämlinge heraus, um so den Umriß Ihres Sterns zu bewahren. An jedem Tag des Neumonds und wenn Sie den Stern begießen, entzünden Sie die Kerze für zehn oder fünfzehn Minuten. ❤ AUCH WENN ES MEHRERE WOCHEN DAUERN WIRD, WERDEN DOCH NEUE BEZIEHUNGEN IN IHREM LEBEN ERWACHSEN; und wenn Ihr Stern in Blüte steht, wird auch eine neue Liebe erblühen. Wenn dies geschieht, verbeugen Sie sich wieder in die vier Himmelsrichtungen Ihres Gartens und danken Venus und ihren Begleitern für ihre Fürsorge.

Der Veilchenkranz ♥ Die schönste aller Legenden über das Veilchen ist die von

Amor, der seinen Pfeil auf eine Sternenjungfrau abschiesst. Dieser trifft jedoch nicht sein Ziel, sondern fällt statt dessen auf eine Stelle, an der milchweiße Veilchen blühen. Durch den Pfeil bekommen sie allmählich in Kreisen und von innen nach außen die purpurrote Farbe, die wir heute kennen. Diese Geschichte taucht in Shakespeares »Sommernachtstraum« auf, wo Oberon Puck anweist, den Saft der Blume zu sammeln und auf Titanias Augenlider zu träufeln, so daß sie sich in die erste Person verlieben wird, die sie beim Aufwachen sieht. Wenn Sie Ihren feurigen Pfeil in die Dunkelheit abschießen und einen Geliebten finden wollen, folgen sie dieser Version des Zaubers. *»Doch hielt ich fest, wo Amors Pfeil herniederging. Er fiel auf eine westliche Blume – milchweiß zuvor, purpurn jetzt mit der Liebe Wunde.«*

Sie brauchen

15 g Veilchen (getrocknet oder frisch); 50 ml Ziegen- oder Schafsmilch; eine kleine Kerze, entweder violett oder mit Veilchenduft; einen Strauß frischer Veilchen, aus denen ein Kranz oder ein Halsband geflochten wird

Mondphase: *von Neumond zu Vollmond*

♥ In der allerersten Neumondnacht weichen Sie die 15 g Veilchen eine Stunde lang in der Milch ein. Währenddessen machen Sie mit den frischen Veilchen einen Kreis um die Kerze herum, zünden diese an und sagen: *»Amor, schieße ab deinen feurigen Pfeil, diese Blume sei der Liebe Befehl!«* Jetzt baden Sie vor der leuchtenden Kerze Ihr Gesicht in der mit Veilchen parfümierten Milch (keine Sorge, sie ist ein ausgezeichnetes Gesichtstonikum). Stellen Sie sich vor, daß Sie in der Mitte eines Kreises aus weißen Blumen sitzen, die sich mit dem Einsetzen der Liebe allmählich purpurn färben, und daß diese Liebe Ihr eigenes Leben auf diese Weise färbt. Vervollständigen Sie den Zauber, indem Sie die Veilchen zu einem Halsband oder Haarkranz flechten. ♥ Am Tag nach diesem Zauber tragen Sie die Blumen von morgens früh bis abends spät und wiederholen die Worte leise in unregelmäßigen Abständen. Sobald der Mond voll ist, sollten Sie dabei sein, Interessenten abzuwehren, und innerhalb dieses Monats werden Sie jemand ganz Besonderem begegnet sein.

Wenn Veilchen wirklich knapp sind, können Sie sich auch mit einer Blume begnügen, die Sie vor die Kerze legen und dann in einem Medaillon anstelle des Blumenkranzes tragen. Außerdem haben Sie so ein Liebespfand, das Sie später verschenken können.

Zwei Talismane ♥ EIN INDISCHER LIEBESZAUBER.

SIE BRAUCHEN

Ein handgemachtes Kästchen, das Sie selbst hergestellt haben oder gern berühren oder dessen Aussehen Sie mögen; einige Tropfen Sandelöl; einige Strähnen von Ihrem Haar; einige Späne von Ihren Fingernägeln; eine Mischung aus Kardamom, Koriander, Kreuzkümmel und Safran; ein Stück goldfarbene Schnur

MONDPHASE: *Zunehmend*

♥ AM ABEND EINES ZUNEHMENDEN MONDES LEGEN SIE IN EIN KÄSTCHEN, in das Sie zuvor etwas Sandelöl geträufelt haben, einige Ihrer Haarsträhnen und Nagelspäne zusammen mit den obenerwähnten Gewürzen. Bringen Sie diesen Schatz dem Nachthimmel als Opfer dar, und bitten Sie darum, daß viele neue sinnliche Erfahrungen, allen voran eine besondere Liebe, in Ihr Leben treten. ♥ STELLEN SIE SICH SELBST ALS EINE SEHR KOSTBARE PERSON VOR; fühlen Sie, wie die Energien der Gewürze Ihren geheimen Wünschen neue Kraft verleihen. Binden Sie das Kästchen mit der Schnur zu und berühren Sie es an jedem Abend des zunehmenden Mondes voller Ehrfurcht, bis Ihr Verehrer erscheint.

Kesselflickers' Liebeszauber ♥ DIESEN ZAUBER BRACHTE DIE TOCHTER EINES KESSELFLICKERS MEINER GROSSMUTTER BEI.

SIE BRAUCHEN

Ein persönliches Symbol aus Metall (siehe Seite 112); ein Zweiglein Rosmarin, um das ein rosafarbenes Seidenband gewickelt worden ist; eine (wie primitiv auch immer und möglichst herzförmige) selbstgemachte Schachtel für Ihren Talisman

MONDPHASE: *Zu Beginn des Neumonds*

♥ AUS DEM METALLENEN GLÜCKSBRINGER, DEM ROSMARINZWEIGLEIN UND DEM SEIDENBAND FERTIGEN SIE GANZ NACH BELIEBEN IHREN TALISMAN. In den nächsten vierzehn Nächten, d. h., während der Mond zunimmt, halten Sie die Gegenstände zum ihm hoch und holen Sie sein Licht in Ihre Traumwelt. Legen Sie die Gegenstände wieder in die Schachtel und stellen diese unter Ihr Bett. ♥ INNERHALB VON ZWEI WOCHEN ERSCHEINT IHRE LIEBE.

Das Sternzeichen-Rad ♥ EIN WEITERER PERSÖNLICHER TALISMAN. Dieser Zauber

könnte angewandt werden, bevor man einen anderen Zauber macht oder um einer bereits existierenden Liebesbeziehung weiteren Auftrieb zu geben. Wie jener erste Zauber ist auch dieser sehr wirkungsvoll bei allen, denen es an Zuversicht in der Liebe mangelt – nicht unbedingt, um einen Liebhaber zu gewinnen, sondern vielmehr um diesen zu halten.

SIE BRAUCHEN

Eine Kerze, Farbe nach Ihrer Wahl; ein kleines Stückchen Postkarte; einen kleinen Samtbeutel, gekauft oder selbstgemacht; eine Eichel oder andere Nuß; ein Stück Seidenband, Farbe nach Wahl

MONDPHASE: *Beliebig*

♥ BEREITEN SIE SICH AUF DIESEN ZAUBER VOR, INDEM SIE DIE KERZE ANZÜNDEN UND EINE MUSIK SPIELEN, DIE SIE MÖGEN. Schreiben Sie Ihren Namen und Ihr Geburtsdatum auf das Stückchen Postkarte zusammen mit Ihrem Sternzeichen und anderen astrologischen Informationen, die Ihnen bekannt sind, wie z. B. der Aszendent oder das Mondzeichen. Legen Sie die Karte in den Beutel, halten Sie danach die Eichel oder Nuß zum Mond empor und bitten Sie darum, daß aus einem kleinen Beginn eine große Liebe fließen möge. Binden Sie den Beutel mit dem Seidenband fest zu und legen Sie ihn an irgendeinem »hohen« Ort in Ihrem Heim ab – vielleicht auf einem Schrank oder Ihrer Garderobe oder über einer Tür. Danach werden Sie bald feststellen, daß Sie alle Arten (nicht nur partnerschaftliche) Liebe in Ihr Leben holen.

Das silberne Siegel ♥ FÜR DIESEN ZAUBER MÜSSEN SIE EINEN VERSTÄNDNISVOLLEN JUWELIER

ODER GOLDSCHMIED AUFSUCHEN, DER IHNEN EINEN GLÜCKSBRINGER NACH WAHL (SIEHE AB SEITE 112) HERSTELLT und damit bei Neumond beginnt. Es muß kein großes oder teures Stück sein, einfach etwas, das Sie für immer in Ehren halten können. Wenn Sie zum erstenmal mit Ihrem silbernen Glücksbringer allein sind, legen Sie ihn in die Nähe einer Glocke. Läuten Sie diese jeden Morgen und Abend bis zum Ende der jeweiligen Mondphase, um die Luft von allem Negativen zu befreien und mächtige musikalische Schwingen hervorzurufen, welche die Liebe in Ihren Glücksbringer und Ihr Heim bringen. Bald werden Sie entdecken, daß die Liebe in Ihr Leben tritt und dort bleibt, wann immer Sie Ihr Silber tragen. (Ich kenne mehrere Leute, die ihren Glücksbringer noch bis zu ihrer Hochzeit getragen haben – um ganz sicher zu gehen.)

Tränen der Freude ♥ DIE ÜBERLIEFERUNG DER ZIGEUNER BESAGT, DASS ZWIEBELN SEHR

STARKE SYMBOLE FÜR GEFÜHLE SIND, da sie Tränen hervorrufen, wenn man sie schneidet. Um Liebe erwachsen zu lassen, sollte ein junges Mädchen eine Zwiebel pflanzen und sie mit seinem ganzen Wesen erfüllen. Traditionsgemäß sollte sie mit den Tränen vergangener Enttäuschungen begossen werden; aber es steht zu hoffen, daß Sie nicht allzusehr an die Vergangenheit erinnert werden, während Sie Einfluß auf Ihre Zukunft nehmen.

SIE BRAUCHEN

Eine kleine Zwiebel, die noch ihre Wurzeln hat; einen Glaskrug mit engem Hals, auf dem Ihr Name und Sternzeichen vermerkt sind und der mit Wasser gefüllt ist; einen Terrakotta-Blumentopf

MONDPHASE: *Beliebig*

♥ STECKEN SIE IHRE KLEINE ZWIEBEL SO IN DEN KRUG, DASS DIE WURZELN GERADE NOCH DAS WASSER BERÜHREN. Jeden Tag zur selben Stunde erneuern Sie das Wasser und sehen in der glatten Oberfläche Ihrer Zwiebel ein Bild Ihres lachenden und glücklichen Gesichts. Sobald sie Leben zu zeigen beginnt, wird eine Liebe erscheinen; und während die Zwiebel wächst, wird auch die Liebe langsam wachsen. Pflanzen Sie jetzt die Zwiebel in den Terrakotta-Blumentopf, und wenn Ihre Liebe mittlerweile einen Namen hat, schreiben Sie ihn neben den Ihren und legen Sie beide Namen in die Erde neben der Zwiebel. Wenn die Zwiebel größer wird, pflanzen Sie sie in einen größeren Topf um; auch die Beziehung wird jetzt immer stärker werden.

Mondweisheiten ♥

WENDEN SIE DREIMAL IHRE SCHÜRZE, WÄHREND SIE DEN NEUMOND BETRACHTEN; bitten Sie um ein Geschenk oder eine Liebe, und Ihr Wunsch wird in Erfüllung gehen. ♥ VERSCHRÄNKEN SIE DIE FINGER BEIDER HÄNDE MITEINANDER UND HALTEN SIE SIE VOR DEN NEUMOND. Sagen Sie: »*Neuer Mond, neuer Mond, ich grüße dich, sag' mir, wer mein Liebster wird!*« Später im Traum wird Ihnen das Gesicht Ihres Liebsten erscheinen. ♥ IN EINER KLAREN NACHT BEI NEUMOND GEHEN SIE AN EINE STELLE, an der ein Stein aus der Erde ragt. Sie stellen sich auf den Stein und sagen: »*Oh neuer Mond, ich grüße dich; gibt es einen Mann für mich, so zeige mir sein Gesicht, daß ich es sehen kann. Zeig' mir meinen Liebsten in dieser geheiligten Nacht.*« Der Überlieferung nach werden Sie innerhalb der nächsten 28 Tage Ihrem künftigen Partner begegnen oder von ihm träumen. ♥ »*Hell ist das Zeichen und Liebe folgt auf dem Fuß ihr, die dem neuen Mond entbietet ihren Gruß.*« ♥ WENN SIE DEN NEUMOND DURCH EIN SEIDENES TASCHENTUCH BETRACHTEN, BITTEN SIE IHN: »*Neuer Mond, treuer Mond, zeige mir den Liebsten an, nicht im besten, nicht im schlechtesten Gewand, aber in der Kleidung für jeden Tag, daß ich ihn morgen erkennen mag, der mit mir durchs Leben geht.*« Anschließend gehen Sie, ohne mit jemandem ein Wort zu reden, rückwärts bis zu Ihrem Bett und hoffen, daß der nächste Tag Ihnen Ihren Partner zeigen wird. ♥ WENN EIN JUNGES MÄDCHEN EIN SEIDENES HALSTUCH ZUM NEUMOND HOCHHÄLT UND HINDURCHSCHAUT, wird es möglicherweise die Zahl der Jahre sehen, die es dauern wird, bevor es heiraten wird. ♥ WENN SIE IN EINEM NEUEN JAHR GANZ ZU BEGINN DES NEUMONDS GEKÜSST WERDEN, wird innerhalb dieses Jahres Ihr wahrer Liebster erscheinen und von Heirat sprechen. ♥ SCHNEIDEN SIE SICH SECHS MONATE LANG JEWEILS BEI VOLLMOND EINE LOCKE AB, heben Sie die Locken in einem quadratischen Seidentuch auf und wünschen Sie sich einen Liebsten. Innerhalb sechs weiterer Monate dürfte er sich Ihnen erklären. ♥ WENN SIE JEMANDEM BEGEGNEN, DER IHNEN GEFÄLLT, WARTEN SIE BIS ZUM NEUMOND, BEVOR SIE EINE BEZIEHUNG ZU IHM AUFNEHMEN, denn ein neuer Mond eignet sich besser zum Beginn einer Liebesaffäre als ein alter. ♥ IN DER NACHT, IN DER SIE EINER BESONDEREN PERSON BEGEGNEN, vermeiden Sie es, das Spiegelbild des Mondes zu betrachten, denn dies würde der aufblühenden Liebe Unglück bringen.

Der Kerzenzauber der Roma ❤ Eines der uralten Zauberrituale der

Roma. Dieser Kerzenzauber sucht für ein ungebundes Mädchen oder einen ledigen Jungen eine(n) Geliebte(n); er fordert den Funken der Liebe auf, das Dunkel der Nacht zu durchdringen und zwei passende Seelen zusammenzuführen.

Sie brauchen

Einen Meter rotes Seidenband; eine große rote Kerze; eine kleine Flasche Sherry, in dem mehrere Tage hintereinander Safran und Zimt gezogen haben.

Mondphase: *Vollmond*

❤ Am frühen Abend einer Vollmondnacht kurz vor oder nach einer Sommer- oder Wintersonnenwende wickeln Sie das Band um Ihren Kopf und machen auf der Stirn eine Schleife. Nehmen Sie Ihre Kerze und die Flasche mit dem Sherry und gehen Sie langsam und ruhig wie in einer Prozession zu einem starken Baum in der Nähe Ihres Heims. Wickeln Sie das Band von Ihrer Stirn und legen Sie es um den Zeigefinger Ihrer stärkeren Hand; fühlen Sie, wie dabei Liebe aus dem Reich der Vorstellungskraft in das Reich des Körperlichen fließt. Schauen Sie zum Mond empor und sagen Sie beim Anblick des ersten Sterns: *»Frühes Licht, du schützt das Land, such' und bring' mein Lieb zur Hand.«* ❤ Verweilen Sie hier einen Augenblick und meditieren Sie über die Liebe, die Sie in Ihr Leben treten sehen: Stellen Sie sich vor, wie Sie in Zukunft an Orte gehen, die Sie bisher nur allein aufgesucht haben, und wie dann ein Geliebter Ihre Hand halten wird; denken Sie an das leichte, luftige Gefühl, einen besonderen Partner zu haben, der Ihre Träume, Ihren Humor und Ihre Trauer teilt. Berühren Sie Ihre Stirn noch einmal mit dem Seidenband. ❤ Zünden Sie die Kerze an und lenken Sie den Mond vollständig in die Flamme, bitten Sie ihn, Ihnen Liebe zuteil werden zu lassen. Konzentrieren Sie von Zeit zu Zeit Ihre Gedanken, indem Sie dem Mond und Ihrem künftigen Erfolg zu Ehren einen Schluck von dem Sherry zu sich nehmen. Lassen Sie die Kerze um etwa ein Drittel herunterbrennen, dann löschen Sie sie mit dem Daumen und Zeigefinger der umwundenen Hand aus (achten Sie darauf, daß das Seidenband nicht anbrennt). Wiederholen Sie diese Zeremonie an zwei weiteren Abenden, bis die Kerze heruntergebrannt und der Sherry getrunken ist.

Wenn Sie sich gehemmt fühlen, diesen Zauber bei einem Baum an einem öffentlichen Ort zu machen (wenn Sie zum Beispiel keinen eigenen Garten haben), dann sollten Sie zumindest einmal zu diesem Baum gehen und ihn mit dem Seidenband berühren, wenn Sie dieses von der Stirn nehmen und um den Zeigefinger wickeln. Kehren Sie dann für die eigentliche Kerzenzeremonie nach Haus zurück; achten Sie darauf, daß Sie den Mond durch ein offenes Fenster sehen können.

ALLEIN ZU
ZWEIT

DIESES KAPITEL BEFASST SICH DAMIT, EINEN FLIRT WEITER
INS REICH DER WIRKLICHKEIT ZU HOLEN. Gut und schön,
jemand Besonderes wirft Ihnen seit Monaten bedeutsame
Blicke zu – aber wie geht's jetzt weiter? Wieder gilt: All
diesen Zaubern sollte das Ritual des Farbatmens voran-
gehen, diesmal mit blauen und rosafarbenen Kerzen,
die das Einbringen von Energie in die Liebe symbolisieren. Sie können Amor (den Tunichtgut in
allen Liebesgeschichten) auch bitten, mit den
Gefühlen der Sterblichen etwas ernsthafter
umzugehen. Sie sollten dies tun, während
Sie Ihre farbigen Kerzen abbrennen
und ihren Duft einatmen und bevor
Sie irgendeinen der Zauber in
diesem Kapitel anwenden.

Das Gänseblümchen-Rad ❤ EIN ZAUBER, UM DIE ERNSTEN ABSICHTEN EINES

BEWUNDERERS AUF DIE PROBE ZU STELLEN (UND EINEN BETRÜGER ZU VERTREIBEN).

SIE BRAUCHEN

Ein Gänseblümchen; 2 große Kerzen von reinstem Weiß; Ylang-Ylang-Öl; 2 Schälchen, jedes zu zwei Dritteln voller Wasser

MONDPHASE: *Zunehmend, neu bis erstes Viertel*

❤ UM ELF UHR MORGENS PFLÜCKEN SIE EIN GÄNSEBLÜMCHEN UND BETEN ZUR GÖTTIN UM WAHRHEIT IN IHRER LIE-BESBEZIEHUNG. Legen Sie, während Sie den Zauber machen, das Gänseblümchen neben sich; unterteilen Sie mit Kerben die Kerzen in sieben gleiche Abschnitte und reiben Sie jeden mit Ylang-Ylang-Öl ein. Ziehen Sie dem Gänseblümchen die Blü-tenblätter heraus und sagen Sie dabei den alten Spruch auf, *»Er liebt mich, er liebt mich nicht…«* Lassen Sie sich Zeit.

❤ WENN DIE BLUME ENTBLÄTTERT IST, zünden Sie beide Kerzen an und stellen Sie jede vor eines der beiden Schälchen. Bitten Sie nun Venus, sie möge die Wahrhaftigkeit Ihres Freiers durch das »Tagesauge« untersuchen lassen; bitten Sie um Klarheit mit den Worten: *»Möge das Tagesauge meine Hoffnungen erhellen«,* und lassen Sie die Kerzen bis zur ersten Einkerbung herunterbren-nen. Wiederholen Sie dies an sechs weiteren Tagen; bis zum Ablauf des sechsten Tages dürfte sich ein ernsthafter Verehrer in Worten und Taten offenbart haben – und ein Lump sich zurückziehen.

Basilikum im Mondlicht ❤ UM EINER LIEBESBEZIEHUNG EINEN SCHUBS ZU GEBEN.

Dieser Zauber eignet sich für eine Beziehung, die bereits begonnen hat, aber irgendwie nicht recht vom Fleck kommt.

SIE BRAUCHEN

Einen Basilikumsamen; ein silbernes Gefäß; ein Stück Papier mit dem Namen Ihres Liebsten darauf; eine Locke von seinem Haar

MONDPHASE: *Letztes Viertel*

❤ LEGEN SIE BEI MONDLICHT DAS PAPIER UND DIE HAARLOCKE IN DAS SILBERNE GEFÄSS, pflanzen Sie darüber den Basi-likumsamen. Hegen und pflegen Sie ihn. Und wenn es eine Hoffnung auf eine gemeinsame Zukunft gibt, wird sich Ihr Liebster, sobald die ersten Blättchen erscheinen, auch zu erkennen geben.

Mondlicht im Haar ♥ DIES WAR DER LIEBLINGS-LIEBESZAUBER MEINER GROSSMUTTER.

Sie hatte sehr schönes Haar und trug ihre kostbare Haarspange während der langen Jahre ihrer glücklichen Ehe mit meinem Großvater.

SIE BRAUCHEN

Eine Haarspange oder ein Haarband aus kostbarem Material, wie zum Beispiel Schildpatt oder Silber bzw. Seide, möglicherweise mit Halbedelsteinen verziert

MONDPHASE: *Ganz neuer Mond*

♥ WÄHLEN SIE IHREN HAARSCHMUCK SEHR SORGFÄLTIG AUS, SO DASS ER IHRE PERSÖNLICHE VORLIEBE UND IHREN STIL AUSDRÜCKT. Wenn Sie dies wollen, können Sie ihn auch selbst aus den obengenannten Materialien herstellen, wodurch er nur noch persönlicher wird. Sie müssen diesen Gegenstand häufig tragen, achten Sie also darauf, daß er praktisch zu handhaben ist. Bevor Sie Ihren Haarschmuck zum erstenmal tragen, segnen Sie ihn mit dem Licht eines ganz neuen Monds: Halten Sie ihn mit beiden Händen, umfangen Sie ihn mit dem schönen, zarten Licht des Monds und stellen Sie sich vor, wie dieses Licht die Geheimnisse der nächtlichen mystischen Welt und der Traumwelt durchdringt, in der wir leben. Stellen Sie sich vor, daß der Mond das Kissen Ihres Liebsten küßt, wie das Mondlicht in dieser Nacht auf seinem Gesicht spielt. Bitten Sie den Mond, Ihnen die geheimen Gedanken Ihres Liebsten über Sie mitzuteilen. Sagen Sie: *»Schöner Mond, der meines Liebsten Kissen teilt, umfange ihn mit deinen Strahlen und zeige mir den Weg, den uns're Liebe nimmt.«* Küssen Sie Ihren Haarschmuck und legen Sie ihn dann so neben Ihr Bett, daß er zumindest für einen Teil der Nacht die Strahlen des Mondes empfangen kann. ♥ TRAGEN SIE IHREN HAARSCHMUCK JEDESMAL, WENN SIE IHREM LIEBSTEN BEGEGNEN, und bald werden die Dinge sich entwickeln.

Das Bandel ❤

EIN WEITERER SCHÖNER ZAUBER MIT SEIDENBÄNDERN. Anna, eine alte Freundin aus Wien, hat mir diesen Zauber im Tausch für den vorhergehenden (auf der gegenüberliegenden Seite) mitgeteilt, und beide haben wir Glück in der Liebe gehabt.

SIE BRAUCHEN

Dreimal 75 cm Seidenband in Fuchsienrot, Königspurpur und in Scharlachrot; ein Glas oder eine Tasse, aus dem bzw. der Ihr Liebster getrunken hat

MONDPHASE: *Beliebig*

❤ DIESER ZAUBER WIRD TRADITIONSGEMÄSS AN EINEM RUHETAG ANGEWANDT, WÄHLEN SIE ALSO EINEN SONNTAG ODER, BESSER NOCH, EINEN FERIENTAG IM FRÜHLING AUS. Schließen Sie sich mindestens für einen Teil des Tages völlig ab, damit Sie sich richtig konzentrieren können. Flechten Sie aus den drei Seidenbändern einen schönen Zopf und wiederholen Sie dabei in einer Art Singsang den Namen Ihres Liebsten und Ihren eigenen. Sobald der Zopf fertig ist, knüpfen Sie ihn sich ins Haar, winden ihn um den Kopf und befestigen ihn mit einer Schleife auf der Stirn. (Das mag sich seltsam anhören, aber es kann recht hübsch aussehen – vor allem, wenn Sie zu Ehren des Tages und der Jahreszeit ein paar Blumen hinzufügen.) Sie müssen das Band von Sonnenaufgang bis -untergang (wörtlich zu verstehen!) im Haar behalten, und während dieser Zeit senden Sie immer wieder starke mentale Botschaften der Liebe an den einen, der in Ihrem Herzen ist. Trinken Sie Wasser aus seinem Glas oder seiner Tasse. Bitten Sie darum, daß die Beziehung schneller vorankommt, daß Sie beide Ihre ehrlichen Gefühle offenlegen und sich einander stärker verpflichten (was nicht unbedingt eine Heirat heißen muß). Gehen Sie an diesem Tag Ihrem Liebsten bewußt aus dem Weg, konzentrieren Sie sich statt dessen auf die telepathischen Botschaften. ❤ WENN SIE DIE GELIEBTE PERSON DAS NÄCHSTE MAL SEHEN, WERDEN SIE ÜBERRASCHT SEIN ÜBER DEN INHALT IHRES GESPRÄCHS; es wird sein, als ob Sie ihn angerufen und ihn gefragt hätten, ob es wohl eine gemeinsame Zukunft für Sie gebe.

Zunehmender Mond ♥ Ein Zauber, um Aufrichtigkeit zu bewirken.

Sie brauchen

Eine große, dunkelblaue Kerze; Pfingstrosen- oder Lavendelöl; Pergament (oder Papier, falls letzteres nicht zu bekommen ist)

Mondphase: *Zunehmender Mond*

♥ Im reinsten Licht des zunehmenden Mondes parfümieren Sie die Kerze mit dem Lavendel- oder Pfingstrosenduft. Im selben Mondlicht – und nur in diesem – schreiben Sie den Namen Ihres Liebsten auf das Pergament. Immer noch im Mondlicht benutzen Sie das Namenspapier als einen Fidibus, um damit die Kerze anzuzünden. Stellen Sie sie nun auf eine feuerfeste Unterlage und auf einige Entfernung von allen Fenstern und legen Sie sich hin, während die Kerze herunterbrennt. Wenn Sie in dieser Nacht das Haupt zur Ruhe legen, bitten Sie darum, daß Ihr Liebster offen und ehrlich in seinen Handlungen sei; bitten Sie darum, daß er alles Herumtändeln aufgibt und seine wahren Gefühle für Sie zeigt (wenn er diese hat). Bevor eine Woche vergangen ist, werden Sie ein Anzeichen seiner ehrlichen Haltung bekommen.

»Gehe aus, Kerze, gehe aus!« ♥ Dies ist ein sehr theatralischer Zauber, um einen scheuen Verehrer zu veranlassen, einen bis dahin verborgenen Teil seiner Persönlichkeit zu zeigen.

Sie brauchen

Ein Foto der Person, die Sie lieben; einen Spiegel (kann an einer Wand hängen); 6 kleine Kerzen aus dem Regenbogenspektrum; ein Gewitter!

Mondphase: *Beliebig*

♥ Wenden Sie diesen Zauber in einer wilden Gewitternacht an und nutzen Sie ihre Energien, um Ihrem Liebsten Ihre stille Botschaft mitzuteilen. Stellen oder hängen Sie das Foto so, daß es im Spiegel reflektiert, desgleichen die Kerzen; wenn Sie diese nun anzünden, haben Sie den Anblick Ihres Liebsten im Kerzenlicht des Spiegels. Mit der ganzen Kraft des Gewitters drängen Sie nun sein Bild, alle Trägheit in der Beziehung zu Ihnen abzulegen und sich stärker zu engagieren. Achten Sie darauf, daß die Kerzen ständig weiterbrennen, während Sie mit Ihrem Liebsten sprechen. Wenn in diesem Verhältnis Leidenschaft überhaupt möglich ist, wird sich Ihr Liebster schon bald erklären.

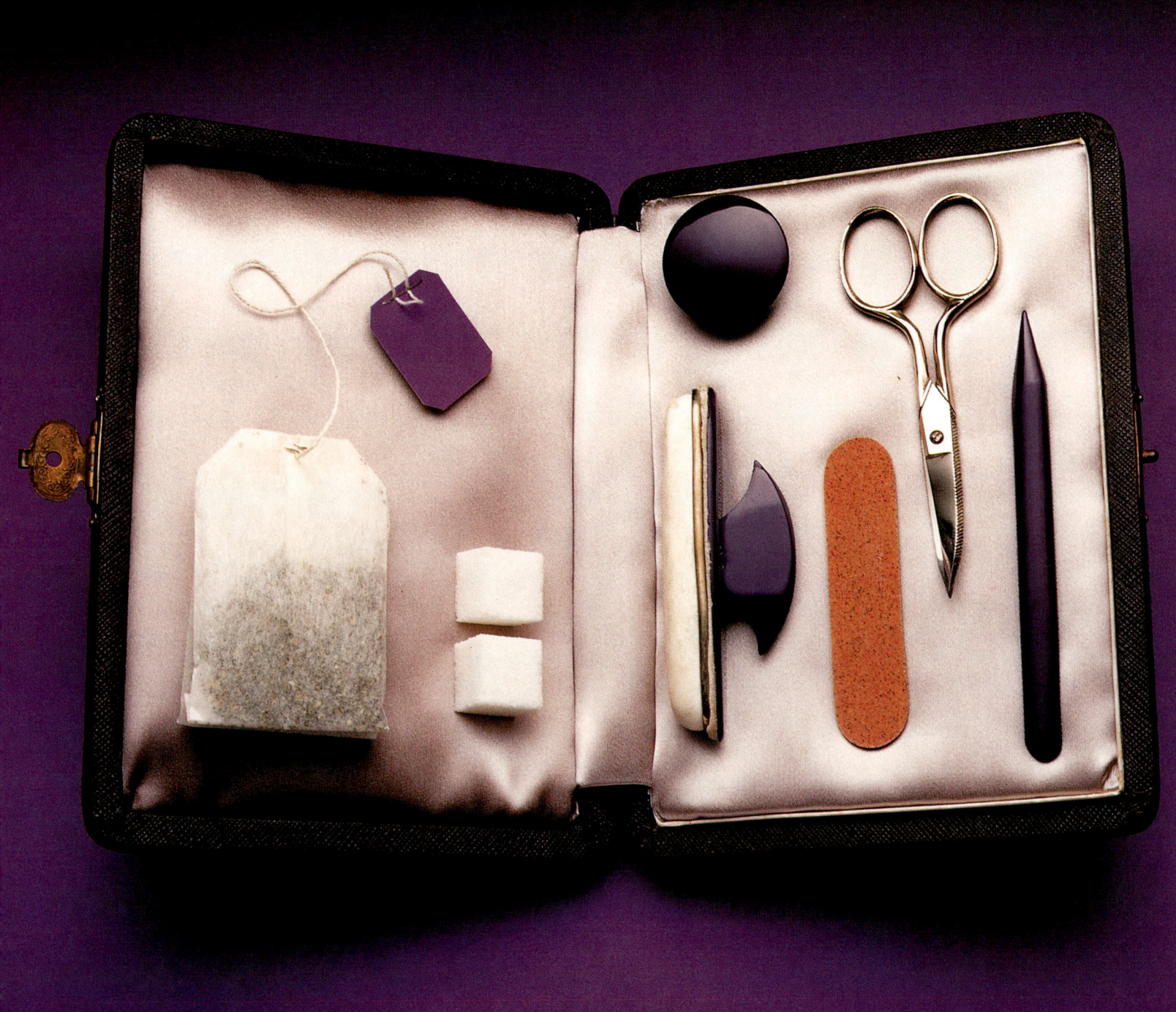

Die Maniküre ♥ EIN KLEINER ZUSATZ ZU SEINEM FRÜHSTÜCKSKAFFEE.

SIE BRAUCHEN

Etwas Nagelspäne von Ihrer schwächeren Hand; eine Tasse frischen Tee oder Kaffee

MONDPHASE: *Beliebig*

♥ WASCHEN SIE IHRE HÄNDE SORGFÄLTIG, BEVOR SIE BEGINNEN. Während Sie dabei singen, feilen Sie Ihre Nägel über seiner Tasse und sprechen die Worte: »DER NAGELSTAUB GIBT MIR BESCHEID: IST DEIN HERZ FÜR MICH BEREIT, WAHRHAFTIG TREU AUF ALLE ZEIT?« Geben Sie diesen kalorienarmen Zusatz in das Getränk – ohne den Versuch, die Person an Sie zu binden.

Sechs Blumen, sechs Düfte, sechs Amulette ♥ DER FOLGENDE ZAUBER VERWENDET SECHS BLUMENARTEN, DÜFTE UND TALISMANE (WOBEI DIE SECHS DIE ZAHL DER LIEBE IST), um die Initialen der Person, die Ihnen gefällt, darzustellen.

SIE BRAUCHEN

Etwas rosafarbenen Samt oder entsprechende Seide; 1 rosafarbene Kerze; 6 rosafarbene Blumen einer beliebigen Sorte; 6 kleine Blumenvasen; 6 Glücksbringer aus der Liste ab Seite 112; 6 Tropfen unterschiedlicher aromatischer Öle zum Parfümieren der Gegenstände

MONDPHASE: *Beliebig*

♥ BEREITEN SIE IHREN ALTAR VOR, INDEM SIE DEN STOFF DARÜBERBREITEN, ZÜNDEN SIE DANN EINE ROSAFARBENE KERZE AN; wiederholen Sie dies an mehreren Tagen, bevor Sie den eigentlichen Zauber anwenden. ♥ STELLEN SIE DIE BLUMEN IN DIE VASEN UND PARFÜMIEREN SIE DIE TALISMANE, dann stellen bzw. legen Sie die Vasen und die Glücksbringer abwechselnd so, daß sie die Anfangsbuchstaben Ihres Liebsten bilden. Legen Sie den Zeigefinger Ihrer stärkeren Hand (die, wenn Ihnen dies gefällt, mit rotem oder königsblauem Seidenband umwunden ist) gegen die Stirn und konzentrieren Sie sich auf die Frage nach der Ernsthaftigkeit oder Zuverlässigkeit Ihres Liebsten. Atmen Sie die Düfte ein und betupfen Sie sich selbst ein wenig mit ihnen bei den nächsten sechs Begegnungen mit ihm. Beim siebten Mal wird die Leidenschaft durchbrechen oder, wenn er doch nur ein gefühlloser Frauenheld ist, die Beziehung dahinwelken.

Das geopferte Stiefmütterchen ♥ WENN JEMAND, ZU DEM SIE SICH STARK

HINGEZOGEN FÜHLEN UND DER SIE WIE EINE BIENE UMSCHWIRRT, sich andererseits nur unregelmäßig mit Ihnen trifft oder Sie mit seinem widersprüchlichen Verhalten verwirrt, dann ist dieser Zauber genau richtig für Sie.

SIE BRAUCHEN

Weiße oder rosafarbene Votivkerzen; 1 Meter pupurfarbenes und 1 Meter gelbes Seidenband; je ein Foto von Ihnen und von der Person Ihres Herzens, das etwa so groß wie ein Paßfoto ist und das Gesicht ähnlich wiedergibt; ein Stiefmütterchen in Gelb und Purpur, die Sorte, die einen dreifarbigen Effekt hat und ein clownsähnliches Gesicht zeigt; eine Schüssel mit Wasser, mit ein paar Tropfen Bergamotte- oder Muskatellersalbei-Öl parfümiert.

MONDPHASE: *Zunehmender Mond*

♥ BEVOR SIE DIESEN ZAUBER MACHEN, SOLLTEN SIE IHR HEIM GRÜNDLICH REINIGEN: Mit einem Besen oder Staubsauger und beginnend in der Mitte arbeiten Sie sich bis zur Vordertür vor. Zünden Sie jetzt die Kerzen an wichtigen Punkten in Ihrem Heim an und sagen Sie dabei: *»Gesegnet sei dieser Ort.«* Auf diese Weise sollte sich Ihre Einstellung ändern, so daß Sie ruhig und gelassen werden. Wickeln Sie die beiden Seidenbänder um den Zeigefinger Ihrer rechten Hand, halten Sie diese gegen die Stirn und konzentrieren Sie sich auf das Bild Ihres Liebsten. ♥ ATMEN SIE JETZT – WIE BEI EINER KERZE – DIE FARBEN DES STIEF-MÜTTERCHENS und stellen Sie es so zwischen die Fotos, daß beide zu der Blume hinschauen. Halten Sie die Fotos und das Stiefmütterchen wie in einem Gebet zwischen Ihren beiden Händen und bitten Sie darum, daß Ehrlichkeit und Treue in Ihre Verbindung einziehen. Sprechen Sie mit Ihrem Liebsten, als ob er bei Ihnen wäre; bitten Sie ihn, nicht mit unbedachtem Handeln Ihre Gefühle zu verletzen, wenn seine Liebe zu Ihnen ernst ist. Sagen Sie ihm, daß er spielerisch sein darf, daß er aber, wenn es die Möglichkeit einer tiefen und andauernden Zuneigung zwischen Ihnen gibt, nicht weiter mit Ihrem Herzen spielen soll.

♥ NEHMEN SIE JETZT DIE SEIDENBÄNDER UND WICKELN SIE SIE UM DIE FOTOS UND DAS STIEFMÜTTERCHEN, WÄHREND SIE SPRECHEN: *»Ist deine Liebe treu und wahr, dann mach' mir deine Absicht klar.«* Machen Sie zum Schluß eine Schleife mit den beiden Bändern. Stellen Sie das Päckchen neben oder vor die Schale mit dem parfümierten Wasser und auf die Fensterbank eines offenen Fensters, wo sie mehrere Tage ungestört stehenbleiben können. Jedesmal, wenn Sie an der Schale vorbeikommen, wiederholen Sie die Worte des Zaubers. In der darauffolgenden Woche wird sich zeigen, in welche Richtung die Beziehung wirklich gehen wird.

Gebunden ♥ BÄNDER UND SCHNÜRE HABEN GROSSE MAGISCHE KRÄFTE, WENN ES DARUM GEHT, DIE EMP-

FINDLICHEN GEFÜHLE EINES NEUEN PAARS ZUSAMMENZUHALTEN. Ich mag diesen Bänderzauber vor allem wegen seiner spielerischen Leichtigkeit und des Elements der Irreführung. Sie bleibt jedoch immer liebevoll und harmlos und bedeutet nichts Finsteres oder Beunruhigendes für Ihren Liebsten. Wenden Sie diesen Zauber mit Humor und gefahrlos an.

SIE BRAUCHEN

Die längste lachsfarbene Kerze, die Sie finden können; 1 Meter weißes oder blaues Seidenband, 6 mm breit

MONDPHASE: *Zunehmend*

♥ NEHMEN SIE DIE KERZE UND UMWICKELN SIE SIE VON OBEN BIS UNTEN MIT DEM SEIDENBAND, MACHEN SIE AM UNTE-REN ENDE EINE SCHLEIFE. Während Sie dies tun, sprechen Sie immer wieder den Namen Ihres Liebsten und bitten mit den folgenden Worten Venus darum, Sie möge Ihren Wunsch erfüllen: *»Ich will ihm nichts Böses, kein Grund sich zu sorgen, Balsam sei unsere Liebe, beruhigend und heilend.«* Zünden Sie die Kerze für ein paar Minuten an; achten Sie darauf, daß das Seidenband nicht Feuer fängt, und wiederholen Sie Ihr Gebet an Venus mehrere Male. Nun löschen Sie lachend und freundlich die Kerze wieder, wickeln das Seidenband ab, legen es über Ihre offenen Handflächen und senden einen Strahl der Liebe und Zuversicht an Ihren Liebsten. ♥ DER NÄCHSTE TEIL DES ZAUBERS VERLANGT EIN WENIG EINFALLSREICHTUM: Sie müssen das Seidenband zu der geliebten Person bringen und es ihr heimlich in eine Tasche, in den Aktenkoffer oder ins Auto schmuggeln. Versuchen Sie, dabei nicht bemerkt zu werden; wenn man Ihnen später auf die Schliche kommt, können Sie immer noch sagen, das Band sei zum Schutz da. Auf beinahe wunderbare Weise kann die Beziehung nun in ihre nächste Phase eintreten.

Sheronne und Robin haben sehr von diesem hübschen »Bändertanz« profitiert: Jedesmal, wenn Robin sich danebenbenimmt, steckt Sheronne ihm ein Seidenband in die Brotdose, die er mit zur Arbeit nimmt – manchmal um einen Marsriegel gewickelt. Ich weiß ganz genau, daß ihm dieses Zeichen ihrer Zuneigung sehr viel mehr Freude bereitet, als er es sich anmerken läßt.

Goldener Schlummer ♥ DIESER ZAUBER HAT EINE LANGE GESCHICHTE IN DER FAMILIE

HARDIE, UND VOR ALLEM VON DEN JÜNGEREN MITGLIEDERN WIRD ER SEHR GESCHÄTZT. Wie »Gebunden« enthält er ein Element der Irreführung, aber er ist narrensicher, wenn es darum geht, Liebeserklärungen – und manchmal auch ein wenig Glück in Gelddingen – hervorzulocken.

SIE BRAUCHEN

Eine Goldmünze, die noch in Umlauf ist; blaue Blumen (zum Beispiel Hyazinthen oder Glockenblumen)

MONDPHASE: *Vollmond*

♥ LEGEN SIE DIE FLÄCHEN IHRER HÄNDE, ZWISCHEN DENEN SICH DIE GOLDMÜNZE BEFINDET, wie in einem Gebet zusammen und bitten Sie den Gott oder die Göttin, der oder die Ihnen am meisten Vertrauen einflößt, darum, daß die Liebe wie eine große Woge Ihr Leben und das der Person, die Sie lieben, mit großem Glück überfluten möge. Nehmen Sie nun die Münze und stellen Sie sich vor, das Gesicht Ihres Liebsten sei auf ihr zu sehen; tragen Sie sie zu einem Kreis, den Sie aus den blauen Blumen gelegt haben, und legen Sie sie in die Mitte. Lassen Sie die Münze in der Vollmondnacht dort und bringen Sie sie am nächsten Morgen zu Ihrem Liebsten. Sie müssen es so einrichten, daß er sie auch nimmt – vielleicht um für Sie etwas zu kaufen oder etwas zu besorgen. Sobald die Münze (und es muß genau diese sein) die Hand Ihres Liebsten in einer Geste der Großzügigkeit verlassen hat, dürfen Sie mit Anzeichen großer Zuneigung rechnen. Nach meiner Erfahrung findet dies immer vor dem nächsten Vollmond statt.

Zu Beginn ihrer Beziehung gab Philip seine Münze Lauren, die anschließend ein Los in einer kleinen Lotterie kaufte. Das brachte so viel Geld ein, daß sie ihn davon zum Essen einladen konnte, und während dieses Essens bewegte sich die Liebesbeziehung dann auf eine viel höhere Ebene.

DREI SIND EINE ANSAMMLUNG

»Zwei sind ein Paar«, heisst
es, »drei eine Ansammlung«.
Die Zahl Drei hat den Ruf, in
Liebesbeziehungen nur Unheil anzurichten. Möglicherweise können
Sie sich nicht zwischen zwei gleicher-
maßen geeigneten Verehrern entscheiden, vielleicht kann der eine, den Sie lieben,
den Schmerz aus einer zurückliegenden Beziehung nicht loslassen und deshalb nicht zu einer neuen Liebe mit Ihnen (oder jemand
anderem) voranschreiten. Dieses Kapitel ist der Lösung von Schwierigkeiten gewidmet, die von einer
dritten beteiligten Person
ausgehen; die Zauber, die in
ihm beschrieben werden,
werden Ihnen helfen, die
Vergangenheit zu überwin-
den, Leichen aus dem Keller
zu verbannen oder die Kraft
Ihres Liebsten auf die Probe
zu stellen ...

♥ BEVOR SIE IRGENDEINEN DER NACHFOLGENDEN ZAUBER ANWENDEN, MÜSSEN SIE IHRE MOTIVE ERFORSCHEN UND SICHER SEIN, DASS SIE NICHT VERSUCHEN, IN EINER BESTEHENDEN UND FUNKTIONIERENDEN BEZIEHUNG VERWÜSTUNGEN ANZURICHTEN. Wenn Sie sich an diese Regel nicht halten, wird dies am Ende zu Ihrem eigenen Schaden sein. Vergessen Sie nicht: Wir sind gehalten, die Lebenskraft zu benutzen, um unser eigenes Glück zu finden und zu schaffen – aber nicht eines anderen Unglück! ♥ LEITEN SIE JEDEN ZAUBER MIT EINER KERZENVERBRENNUNGS-ZEREMONIE EIN und reinigen Sie den Raum und Ihre Gedanken von allem Negativen oder Traurigen; zu diesem Zweck atmen Sie die Farbe Rosa der Liebeskerze ein und nehmen ein Stück Bernstein hinzu, um zu verhindern, daß in Ihrer Beziehung zuviel »Gedränge« herrscht.

Beiß ins Gras! ♥ GENAUER GESAGT: IN DEN SAND. Wenn Ihr Liebster offensichtlich mit Ihnen glücklich ist, aber eine vergangene Beziehung nicht ganz loslassen kann, versuchen Sie es einmal mit diesem Strand-Ritual.

SIE BRAUCHEN

Zwei kleine Stückchen hochwertiges, dehnbares Papier (z. B. Reispapier oder Pergament); zwei Nagelclipper

MONDPHASE: *Abnehmender Mond*

♥ SIE MÜSSEN DIESEN ZAUBER BEI SONNENUNTERGANG AN EINEM STRAND ANWENDEN, auch wenn Sie dafür auf Ihren Urlaub warten müssen. Sie schreiben auf das eine Stück Papier den Namen desjenigen, den Sie lieben, auf das andere den Namen seiner vergangenen Liebe. Binden Sie die beiden Stückchen Papier zu einem Knoten zusammen. Halten Sie sie in der offenen Hand, betrachten Sie sie und sagen Sie: *»Ich respektiere und verstehe, daß ihr miteinander verbunden und zärtlich wart. Aber wenn eure Liebe wirklich vorüber ist, überlaßt sie der Vergangenheit. Und geht weiter.«* Begraben Sie jetzt die Stückchen Papier im Sand zusammen mit den Nagelclippern und bitten Sie darum, daß alles abgeschnitten, zurechtgestutzt und aufgeräumt wird. ♥ STEHEN SIE JETZT AUF, VERBEUGEN SIE SICH ZUR UNTERGEHENDEN SONNE UND BITTEN SIE UM DEN SEGEN DER VENUS, DEREN STERN BALD AUFGEHEN WIRD. Bitten Sie sie, der anderen Person eine glückliche und wertvolle Liebe zu schenken, damit sie ihr Glück anderswo finden kann. Bitten Sie auch darum, daß die Vergangenheit nunmehr vergangen bleibt und daß die Zukunft Ihnen gehört. Knien Sie sich wieder in den Sand und sagen Sie: *»So möge es sein.«* ♥ JETZT MÜSSEN SIE IHRE EIGENEN ZWEIFEL ÜBER DIE ZURÜCKLIEGENDE BEZIEHUNG ÜBERWINDEN. Betrachten Sie den Zauber als bereits wirksam und lassen Sie sich von nun an von keinem Zweifel mehr plagen.

Freundschaftliche Trennung ♥ WIE DER VORHERIGE ZAUBER WIRD AUCH

DIESER SEINE WIRKUNG NUR TUN, WENN SIE Ihre Beziehung von den letzten Überresten eines mit dem Ihren rivalisierenden Verhältnis reinigen, das in Wirklichkeit beendet ist. Er eignet sich nicht dazu, eine intakte Ehe zu zerbrechen.

SIE BRAUCHEN

Ein Foto des Paares, das bis vor kurzem zusammen war (dies könnte sich als schwierig erweisen; wenn Sie kein Foto auftreiben können, versuchen Sie, die beiden selbst künstlerisch darzustellen, wie sie miteinander ausgesehen haben); einige Cupidos mit Pfeil und Bogen, die Sie irgendwo ausgeschnitten haben; ein Foto von Ihnen; einen Bilderrahmen (wenn Sie wollen)

MONDPHASE: *Abnehmender Mond*

♥ IN DIESEM ZAUBER ENTWERFEN SIE EIN BILD VON DER ZEIT, IN DER DIE VERGANGENE BEZIEHUNG KEINE NEGATIVE BINDUNGSKRAFT MEHR HABEN WIRD. Nehmen Sie ein Foto des früheren Paars und machen Sie es zum »Herzen« Ihrer neuen Collage; legen Sie die Cupidos so auf entgegengesetzte Seiten des Bildes, daß ihre Pfeile von einander wegzeigen. Nun legen Sie das Foto von sich selbst – vielleicht in Herzform geschnitten – so neben das Bild Ihres Liebsten, daß der Cupido auf dieser Seite Sie mit seinem Bogen »umfaßt«. ♥ NUN KÖNNEN SIE EINE KERZE ANZÜNDEN UND EIN KLEINES GEBET SAGEN, in dem Sie Ihre guten Absichten bekräftigen und der dritten Person Glück und Zufriedenheit wünschen (dies gehört nicht zum Zauber, macht ihn aber »sicherer«, wenn Sie sich entschließen, es zu tun). Nun sollten Sie Ihrem neuen Bild ein »Heim« geben – entweder in einem Album oder einem Bilderrahmen oder im Haus einer Freundin. Sorgen Sie dafür, daß Ihr Liebster es nicht sieht, denn es würde unvermeidlich eine Neugier hervorrufen, die nur sehr schwierig zu befriedigen wäre.

Die Kleeblume ♥ DIESER ZAUBER IST EINE FLEHENTLICHE BITTE DURCH DIE VERMITTLUNG DER

ASTRALEN EBENE AN DENJENIGEN, DEN SIE LIEBEN, mit Ihrer Zuneigung nicht herumzuspielen, indem er ständig mit anderen flirtet. Eine Freundin von mir hat gemeint, es wäre wunderbar, wenn man diesen Zauber massenhaft anwenden würde, um eine Menge Leute beiderlei Geschlechts von dieser lästigen Angewohnheit zu befreien.

SIE BRAUCHEN

Eine Kleeblüte oder, falls nicht zu bekommen, ein Kleeblatt; ein Foto des unheilbaren Flirters; eine rosafarbene Kerze mit einem Bernstein davor

MONDPHASE: *Abnehmender Mond, am besten sofort nach Vollmond*

♥ IHRE KLEEBLÜTE (ODER DAS BLATT) SOLLTE BEI DIESEM ABNEHMENDEN MOND GEPFLÜCKT WERDEN. Halten Sie sie in der Hand und behauchen Sie sie; halten Sie das Foto in der anderen Hand und behauchen Sie es ebenfalls. Zünden Sie jetzt die Kerze an, atmen Sie die Farben der Kerze und des Bernsteins tief in Ihre Lungen, Ihr Herz, Ihre Gedanken und Ihr Wesen ein. Umgeben Sie in Ihrer Vorstellung (und auf dem Foto) Ihren Liebsten mit denselben reinigenden Farben. Sprechen Sie zur Kerze (und in Ihrer Phantasie zu ihm) und sagen Sie: *»Lass' dein Herz nicht weiter wandern, sag' dich los von allen andern.«* Löschen Sie die Kerze, aber wiederholen Sie diesen Vorgang jeden Tag, solange der gegenwärtige Mond noch abnimmt. Wenn der Zauber stark ist und Ihr Liebster es im Grunde ehrlich mit Ihnen meint, werden alle Flirts bald enden.

Lawrence war ein richtiger Don Juan, und Philippa hatte es ertragen, solange sie konnte, aber irgendwann wurde sie energisch. An der Stufe der Hintertür pflanzte sie Klee; sie bewahrt sein Foto an der Stelle auf, und bei jedem abnehmendem Mond zündet sie eine Kerze an. Ergebnis: Die Flirts sind jetzt völlig unter Kontrolle, und sie lächelt weise, wenn andere vergeblich versuchen, ihren Partner zu Dummheiten zu verführen.

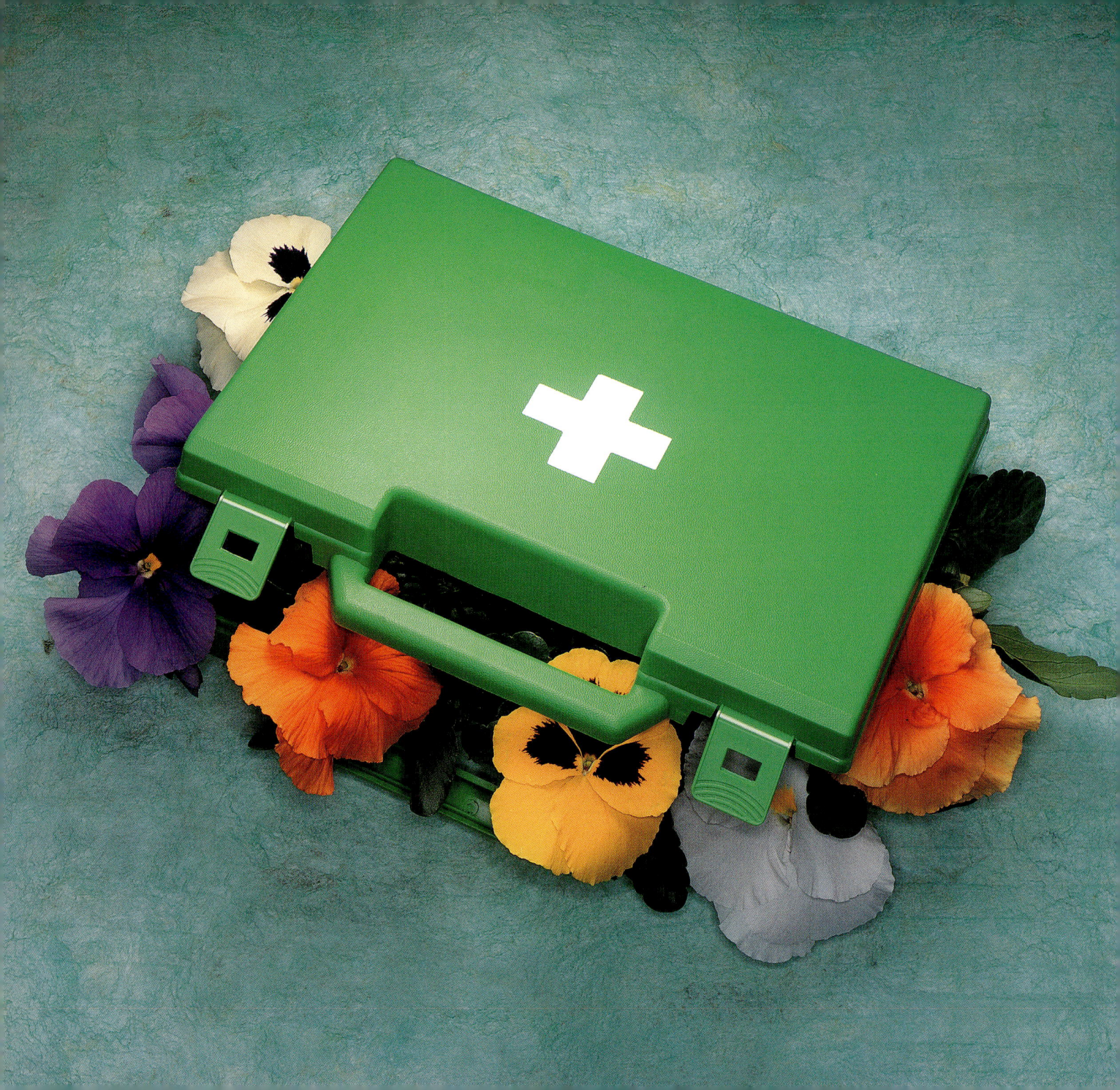

Das geheilte Herz ♥ WENN IHR PARTNER IN LIEBESDINGEN ÖFTER VERLETZT WORDEN IST, als

man zählen kann, und sein Herz an keine Zukunft mehr glauben kann, versuchen Sie es einmal mit wilden Veilchen (die im Englischen auch »heartsease«, d. h. »Herztrost«, heißen).

SIE BRAUCHEN

Ein blaues oder cremefarbenes Veilchen (einfarbig – bis auf das »Auge«); etwas (vielleicht selbstgeschöpftes) Papier in Rose, Creme oder Weiß; einige Kalligraphiefedern; ein Bild Ihres Liebsten oder eine Locke aus seinem Haar; ein wenig gemahlene Veilchenwurzel; eine zur Blume passende weiße oder blaue Kerze

MONDPHASE: *Vollmond*

♥ ZUNÄCHST DRÜCKEN SIE DAS VEILCHEN (DEN »HERZTROST«) GEGEN IHRE BRUST UND STELLEN SICH VOR, wie es schnell den Schmerz beseitigt und anschließend das Herz Ihres Liebsten mit Farbe und Hoffnung erfüllt. Behalten Sie das Veilchen und fertigen vor dem nächsten Vollmond ein Veilchenmandala an. Zeichnen Sie ein Rad auf Ihr Papier, legen Sie das Veilchen und das Bild oder die Haarlocke Ihres Liebsten ins Zentrum und kleben Sie sie dort fest. Streuen Sie ein wenig gemahlene Veilchenwurzel darüber und schreiben Sie vorsichtig ein Gebet um die Mitte herum, eine Bitte um die Befreiung Ihres Liebsten von den Schmerzen der Vergangenheit. Benutzen Sie Ihre eigenen Worte, aber achten Sie darauf, daß sie ehrlich und uneigennützig Ihren Wunsch widerspiegeln, ihn glücklicher zu sehen – wenn möglich zusammen mit Ihnen. Benutzen Sie auch seinen vollen Namen und das Geburtsdatum sowie die lateinischen Worte *»Amor vincit omnia«* (*»die Liebe besiegt alles«*). Bedecken Sie schließlich Ihr Mandala mit etwas Tissue-Papier und bewahren Sie es in einem Umschlag oder eine Plastikhülle auf. ♥ IN DER NÄCHSTEN VOLLMONDNACHT ZÜNDEN SIE EINE KERZE AN UND SPRECHEN SIE DIESELBEN WORTE: *»Amor vincit omnia«,* dann führen Sie Ihr kostbares Mandala durch die Flamme der Kerze. Stellen Sie sich vor, wie Ihr Liebster frei ist von aller Finsternis und Einsamkeit, wie er die Verwirrung und Trauer vergangener Zeiten abschüttelt. Legen Sie am Ende das Mandala an einen sicheren Ort – zum Beispiel in ein Fotoalbum – zusammen mit einem Foto Ihres Liebsten oder einem Brief oder einer Karte, die Sie von ihm bekommen haben. Bewahren Sie es immer auf.

Loslassen ♥ AUCH IM NÄCHSTEN ZAUBER SPIELEN WILDE VEILCHEN EINE ROLLE. Diesmal schaffen sie einen Schutz- und Kraftkreis, mit dessen Hilfe eine unglückliche oder ungesunde Liebe vertrieben wird. Sie können anstelle der Veilchen auch Stiefmütterchen nehmen, denn die beiden Blumen haben viele Eigenschaften gemeinsam.

SIE BRAUCHEN

Etwas Apfelwein (kaufen Sie einfach einen Cidre, aber verleihen Sie ihm zusätzliche Kraft, indem Sie ein paar Apfelringe hinzufügen); ein Eichen-Reinigungsbad (Sie finden es in meinem vorherigen Buch »Hokus Pokus« beschrieben, aber im wesentlichen ist es ein Bad, dem man Eicheln und Eichenblätter beigegeben hat); ein Kreis von Veilchen oder Stiefmütterchen mit einem Umfang von ca. 1 Meter

MONDPHASE: *Letztes Viertel*

♥ TRINKEN SIE IHREN APFELWEIN IM REINIGUNGSBAD UND STELLEN SIE SICH VOR, WIE ALL IHRE SORGEN VON IHREM KÖRPER FORTGEWASCHEN WERDEN. Fühlen Sie, wie die Wärme des Bades Ihr ganzes Wesen durchdringt, und nehmen Sie sie als ein Omen für die Wärme in einem zukünftigen Leben. Trinken Sie dem Mond und der Göttin mit Ihrem Cidre zu und, wenn Sie Ihr Bad beendet haben, gießen Sie ein wenig vom Apfelwein auf die Wurzeln einer Eiche oder eines anderen Baums in Ihrer Nähe – als Trankopfer für die Waldgeister, damit sie Ihre Welt reinigen. Schließlich setzen Sie sich in die Mitte Ihres Blumenkreises und bitten darum, daß diese eine Beziehung, die Ihnen so wichtig ist, wachsen und sich weiter-entwickeln möge. Bleiben Sie lange genug sitzen, um Ihre vergangenen Irrtümer begreifen und Ihre Pläne für ein zukünftiges Glück klar sehen zu können. Versprechen Sie außerdem, dieses neugewonnene Glück auch unter Ihren Freunden zu verbrei-ten. ♥ DIESER ZAUBER WIRKT WUNDER, WENN SIE SELBST EINE FRÜHERE LIEBESAFFÄRE NICHT LOSLASSEN KÖNNEN.

Eiskalt ❤

NICHT JEDER LÄSST SICH BEI DER SUCHE NACH EINEM PARTNER VON SKRUPELN LEITEN. Meistens handelt es sich darum, daß ein(e) gewohnheitsmäßige(r) Verführer(in) um des eigenen Egos willen Schaden anrichtet. Wenn jemand in Ihrem Wald wildert, verteidigen Sie sich, indem Sie diese Person einfach einfrieren.

SIE BRAUCHEN

Ein Stück Papier mit dem Namen Ihrer Rivalin darauf; einen Eiswürfelbehälter; Symbolgegenstände wie unten beschrieben

MONDPHASE: *Letzter oder vorletzter Tag des alten Monds*

❤ FRIEREN SIE DEN NAMEN DER EINDRINGENDEN PERSON IN EINER EISWÜRFELSCHALE EIN – zusammen mit zwei im Anhang sorgfältig ausgewählten Symbolen, von denen das eine Ihre Liebe repräsentiert und das andere dazu dient, die Macht, die jene Person über Ihren Partner zu haben scheint, zu brechen. Währenddessen sprechen Sie die folgende Beschwörung: *»Sei besser sparsam mit deinem Gefühl, mein Lieb und du, bald seid ihr kühl; mein Liebster sei dir nicht zu Willen, ein and'rer wird den Durst dir stillen.«* Bald wird eine Veränderung eintreten.

In Honig eingeschlossen ❤

WENN IHR LIEBSTER EINE SCHRECKLICHE KINDHEIT HATTE und sich nun nicht binden mag, sollten Sie diesen zweiten »Tiefkühl«-Zauber versuchen.

SIE BRAUCHEN

Eine Locke aus Ihrem eigenen Haar und dem Ihres Liebsten; ein kleines Vorhängeschloß; einen kleinen Gefrierbehälter; etwas Honig; ein frühes Schneeglöckchen oder ein Hasenglöckchen (Scilla non-scripta)

MONDPHASE: *Beliebig*

❤ FLECHTEN SIE DIE HAARLOCKEN INEINANDER und legen Sie sie in das Vorhängeschloß und dieses in den Gefrierbehälter. Gießen Sie Honig als einen Balsam über das Ganze. Schließlich legen Sie die Blume in den Honig. Schließen Sie den Behälter, legen Sie ihn in den Gefrierschrank und werfen Sie ihm eine Kußhand zu. Wiederholen Sie diesen Kuß in regelmäßigen Abständen. Dieser Zauber kann zu verblüffenden Ergebnissen führen, wenn er voll innerer Kraft und Ernsthaftigkeit angewandt wird.

Drei helle Kerzen ❤ DIES IST DER IDEALE ZAUBER, WENN SIE ES NICHT MIT EINER FRÜHEREN

GELIEBTEN, sondern mit einem besitzergreifenden Kind oder ebensolchen Schwiegereltern (mein Mann nennt sie »Schwierig-
eltern«) zu tun haben.

SIE BRAUCHEN

3 Kerzen, deren unterschiedliche Farben die drei Parteien symbolisieren sollen (z. B. Farben, die den Sternzeichen zugeordnet sind)

MONDPHASE: *Beliebig*

❤ UNTERTEILEN SIE DIE KERZEN IN SECHS JEWEILS GLEICH GROSSE ABSCHNITTE (UM SIE IN DEN NÄCHSTEN SECHS
NÄCHTEN ABZUBRENNEN); während Sie sie anzünden, sagen Sie laut den Namen Ihres »Gegners« und fügen hinzu: *»Lass
los deine kindliche Furcht, lass {Name Ihres Liebsten} bei mir der Liebe Sicherheit finden.«* Legen Sie, während Sie dies sagen, die
Hand auf Ihr Herz und wünschen Sie der anderen Person alles Gute. Wiederholen Sie dies während der nächsten fünf Nächte,
und Sie werden feststellen, wie sie allmählich weniger besitzergreifend wird.

Der Buchenblattzauber ❤ WENN SOWOHL SIE ALS AUCH IHR LIEBSTER IN DER LIEBE

ZU OFT VERLETZT WORDEN SIND, dann sollten Sie bei den ersten Anzeichen von gemeinsamen Schwierigkeiten diesen Zauber
anwenden.

SIE BRAUCHEN

Ein Buchenblatt, an einem warmen Tag gepflückt; ein wertvolles Buch, z. B. ein Mess- oder Tagebuch oder einen Gedichtband;

MONDPHASE: *Beliebig*

❤ HALTEN SIE DAS BUCHENBLATT AN IHR HERZ UND BITTEN SIE ES, SIE ZU REINIGEN UND IHNEN NEUEN MUT ZU
GEBEN. Streichen Sie mit ihm heimlich über die Stirn Ihres Liebsten (denken Sie sich einen kleinen Trick oder eine liebevolle Geste aus) und bitten Sie es wieder, alles Negative und alle Angst fortzunehmen. Lächeln Sie Ihrem Liebsten zu und
legen Sie das Blatt voller Ehrfurcht in das ausgewählte Buch. Schlafen Sie einen Monat lang darauf, und die Liebe zwischen
Ihnen wird stärker werden. (Dieser Zauber funktioniert auch, wenn Sie sich nicht überwinden können, eine vergangene Liebe
wirklich loszulassen).

Auf hoher See ♥ MÖGLICHERWEISE WIRD DIE LIEBESBEZIEHUNG ZU IHREM ANSONSTEN PERFEKTEN

GEFÄHRTEN DURCH DIE »GEGENWART« EINER FRÜHEREN PERSON GETRÜBT, die auf Grund ihrer Abwesenheit besonders attraktiv erscheint. Wenn ein solches Gespenst Ihre Beziehung bedroht, können Sie mit dem folgenden Zauber das Glück wenden.

SIE BRAUCHEN

Zwei kleine, selbstgemachte Schiffchen, wie Kinder sie aus Papier oder Pappe herstellen und die im Wasser nicht sofort untergehen; Farben und Markierstifte zum Schmücken der Schiffchen; ein Foto oder eine Zeichnung Ihres Liebsten mit seiner früheren Partnerin

MONDPHASE: *Vollmond (bringt die Flut)*

♥ JE SORGFÄLTIGER SIE IHR SCHIFFCHEN BAUEN, UM SO WIRKUNGSVOLLER WIRD IHR ZAUBER SEIN. Ein Boot sollte nach Ihrem Liebsten, das andere nach der verflossenen Geliebten benannt und beide sollten einigermaßen wasserfest sein. Legen Sie einen Gegenstand Ihres Liebsten in das nach ihm benannte Boot und etwas, das Ihrer Rivalin gehört (wenn Sie ein solches Ding haben), in das andere. Stellen Sie aus dem Bild des früheren Paares eine Fahne her, schneiden Sie sie entzwei und kleben Sie je eine Hälfte an jedes Schiffchen. Schließlich kleben Sie eine Flagge mit Ihrem Namen an das nach Ihrem Liebsten benannte Boot. ♥ KNIEN SIE SICH BEI VOLLMOND MIT DEN BEIDEN SCHIFFCHEN AN EIN FLUSSUFER UND BITTEN SIE UM GLÜCK FÜR ALLE BETEILIGTEN PERSONEN; bitten Sie darum, daß Ihr Liebster von seiner früheren Liebe befreit werde und daß Sie alle in Frieden leben können. Denken Sie daran, Ihrer Rivalin Glück in einer neuen Beziehung zu wünschen. Lassen Sie jetzt die Boote so zu Wasser, daß sie in unterschiedliche Richtungen zeigen. Beobachten Sie sie eine Weile, um zu sehen, ob sie auseinandertreiben oder nicht. Bitten Sie die Elemente, sie zu trennen, wenn dies angezeigt ist. Nach kurzer Zeit werden Sie wissen, ob Sie darauf hoffen können. Wenn Ihr Schiff gute Fahrt macht, sollten Ihre Hoffnungen bald obenauf schwimmen.

Shirley hat diesen Zauber viele Male für ihren Mann angewandt, dessen Schmerzen aus früheren Erfahrungen sehr tief gehen. Aber sie ist freundlich, geduldig und beharrlich und hat so für mehr gemeinsames Glück gesorgt als irgendeine ihrer Vorgängerinnen. Sie kämpfen weiter auf hoher See, und niemand verdient mehr Glück als sie – das bald in vollem Umfang kommen wird.

DER HAFEN DER EHE

DIESES KAPITEL WENDET SICH AN ALL
JENE, DIE ES ERNST MEINEN: Es war sehr
schön, in den letzten Jahren eine starke
Zweierbeziehung zu haben, aber inzwi-
schen (und das ist ganz verständlich) eilen
Ihre Gedanken voraus zu Hochzeiten, zu
Kindern – oder was auch immer Ihr Traum
sein mag. Wenn Sie also bereit sind, eine
solche Verpflichtung einzugehen, und es
geht Ihnen alles etwas zu langsam, dann ist
es vielleicht an der Zeit, ein wenig Magie
wirken zu lassen. Schicken Sie jedem der
nachfolgenden Zauber eine Reinigungs-/
Atmungszeremonie voraus, wobei Sie eine
blaue oder indigofarbene Kerze verwenden
sollten. Entspannen Sie sich vollkommen,
raffen Sie Ihren ganzen inneren Mut zusammen, konzentrieren Sie Ihre Gedanken –
und schicken Sie einen kleinen Zauber auf
die Reise.

Helles weißes Licht ♥ DIE VORBEREITUNG AUF EINEN EHEZAUBER IST EINE ERNSTE AN-

GELEGENHEIT. Zum bereits beschriebenen Farbatmen sollten Sie diesen ersten Zauber mit jedem aus diesem Kapitel kombinieren.

SIE BRAUCHEN

Ein Foto von Ihnen und Ihrem Liebsten zusammen; 4 blaue oder indigofarbene und 4 weiße Kerzen

MONDPHASE: *Beliebig*

♥ BEGINNEN SIE, INDEM SIE IHRE GEDANKENKRÄFTE AUF DAS FOTO KONZENTRIEREN. Erzeugen Sie Energie aus Ihren Finger- und Zehenspitzen und stellen Sie sich vor, wie ein großes weißes Licht von Ihnen ausgeht, den Raum erfüllt und dabei das Foto umhüllt, während es an Kraft zunimmt. Durch das weiße Licht sagen Sie Ihrem Liebsten, welch ein außergewöhnliches Paar Sie sind und wie viel stärker Sie noch wären, wenn Sie sich noch enger verbinden würden. Umgeben Sie das »Paar« mit Licht und Kraft. Legen Sie das Foto jetzt zwischen die Kerzen, die einen Kreis bilden sollten, wobei sich Weiß und Blau abwechseln. Zünden Sie sie im Uhrzeigersinn an und lassen Sie Ihre Liebe um Ihren Partner wirbeln.

Geschmückte Liebe

SIE BRAUCHEN ､

Die Tarotkarte »Die Liebenden«, Karte VI des Großen Arkanums; 2 verschiedenfarbige Seidenbänder, je 1 Meter lang; eine Nadel mit einem großen Öhr; eine hübsche, mit Federn (wie ein Nistkasten) ausgekleidete Dose

MONDPHASE: Erstes Viertel

♥ WÄHLEN SIE DIE FARBEN DER SEIDENBÄNDER SO AUS, DASS SIE IHREN LIEBSTEN UND SIE SELBST REPRÄSENTIEREN. Besticken Sie nach Belieben und liebevoll die Tarotkarte mit den Bändern; währenddessen stellen Sie sich vor, wie Sie Ihre Beziehung mit Sonnenschein, Licht, Farbe und Liebe besticken. Achten Sie darauf, daß die Farben miteinander verschlungen sind, und befestigen Sie Ihre Stickerei mit einem Knoten. Schreiben Sie jetzt Ihre Namen (am besten in Schönschrift) um die Karte herum. Legen Sie diese in die mit Federn ausgekleidete Dose und schicken Sie ihr einen letzten Lichtstoß, bevor Sie sie »zu Bett legen«. Hüten Sie sie wie Ihren Augapfel – Heiratsanträge werden folgen.

Farbe bekennen ❤ EIN LECKERER TRICK, UM IHREN LIEBSTEN HERUMZUKRIEGEN. Ingwer ist ein

Gewürz, dessen Eigenschaften von jeher gelobt werden. Im Mittelalter machte man in manchen Gegenden an hohen Fest- und Feiertagen Ingwerkuchen und -kekse (oft in der Form einer Spielkarte) und verzierte sie mit Blattgold. Die Farbe »Herz« war immer sehr beliebt, und das Herz-As galt als Einladung zur Liebe. Die Zwei könnte einen Heiratsantrag andeuten. Die anderen Karte der Herz-Reihe wurden von jungen Mädchen manchmal »blind« und als eine Art Weissagung gezogen; wenn man den König oder Buben erwischte, bedeutete dies, daß man während des Festes jemand Besonderem begegnete. Wenn Sie einen dieser Lebkuchen für sich selbst machen und als Glücksbringer in Sachen Liebe aufheben wollen, sollten Sie die Neun wählen; wenn Sie ihn jedoch Ihrem Liebsten schenken wollen, damit seine Sinne angeregt werden oder Ihre Liebesbeziehung vorankommt, müssen Sie sich für das As entscheiden.

SIE BRAUCHEN

Ihr Lieblingsrezept für Leb- oder Pfefferkuchen, dem Sie 1 oder 2 Tropfen Kassia-Öl beifügen sollten; 1 Blatt eßbares Blattgold zum Verzieren (siehe Seite 118)

MONDPHASE: *Beliebig*

❤ BEREITEN SIE IHREN TEIG UNTER VERWENDUNG DES KASSIA-ÖLS ZU. Solange die Kekse noch warm sind, verzieren Sie sie nach eigenem Belieben und nach Anleitung des Herstellers mit dem Blattgold.

Die Schalen der Walnuß ♥ SEIT DEN TAGEN DER ALTEN RÖMER SYMBOLISIEREN

WALNÜSSE EHELICHE FREUDEN, denn zum einen teilt sich diese Nuß in zwei vollkommen gleiche Einheiten, und zum anderen sind Nüsse Fruchtbarkeitssymbole. Dieser wunderschöne Zauber reicht möglicherweise bis in römische Zeiten zurück und verweist darauf, daß die Walnuß auch zur Herstellung des Hochzeitskuchens verwendet wird.

SIE BRAUCHEN

Etwa 12 Walnüsse mit Schale; einen Beutel aus Samt in vier verschiedenen Farben, möglichst nach eigenem Entwurf; eine Zeichnung oder Fotografie von Ihnen und Ihrem Liebsten als Paar; eine Laube, deren Boden traditionsgemäß mit Orangenblüten bestreut ist (Rosen- oder Obstblüten sind jedoch ebenfalls geeignet)

MONDPHASE: *Beliebig, der Zauber muß jedoch im Frühling angewandt werden*

♥ LEGEN SIE MIT DEN WALNÜSSEN DIE INITIALEN IHRES LIEBSTEN UNTER EINEM BAUM ODER IN EINER RUHIGEN ECKE IHRER WOHNUNG AUS. Legen Sie die Hände über die Buchstaben/Nüsse und lassen Sie soviel Liebe und Kraft in sie fließen, wie Ihnen dies möglich ist. Stellen Sie sich tanzende Kinder vor, einen Maitanz, bei dem Sie und andere mit Blumen und Bändern geschmückt sind – kurzum: eine Hochzeitszeremonie. Lassen Sie die Buchstaben liegen, während Sie Ihren Samtbeutel nähen, der groß genug sein muß, um alle Nüsse fassen zu können. Anschließend legen Sie das Foto von Ihnen beiden in den Beutel und die Nüsse obenauf. Schließen Sie den Beutel mit einem Seiden- oder Durchziehband und gehen Sie gemessenen Schrittes zu Ihrer »Laube«. (Wenn Sie in der Stadt wohnen, richten Sie diese in einer Ecke Ihrer Wohnung ein: Streuen Sie Blätter aus und die Blüten Ihrer Wahl darüber; lassen Sie die Stelle danach unverändert.) ♥ DER BEUTEL MUSS NUN 30 TAGE IN DER LAUBE VERBRINGEN, und jeden Tag um 11 und 15 Uhr halten Sie Ihre Handflächen in seine Richtung und schließen Ihre Augen für einen Moment. Der Zauber wird »abgerundet«, indem Sie den Beutel in einen Mantel, eine Tasche oder ein Schatzkästlein legen und die Blütenblätter zur Wohnung oder Laube hinausfegen (bitte nicht staubsaugen!). Sie müssen zur Erde zurückkehren, werfen Sie sie also zu Boden. ♥ INNERHALB VON 30 TAGEN ODER WOCHEN (WENIGER ALS EIN JAHR) WIRD DIE FRAGE IHRER HOCHZEIT BESPROCHEN WERDEN.

Gabriele und Deborah haben einen Garten voller blühender Bäume und – aus Respekt für diesen Zauber – immer eine Schüssel aus Buchenholz voller Walnüsse in ihrem Haus.

Der Frühlingsregen ♥ DIESER ZAUBER IST ÄHNLICH WIE DER VORHERIGE, INDEM ER SICH

EBENFALLS DEN STARKEN DUFT VON ORANGENBLÜTEN ZUNUTZE MACHT, die im Fernen Osten seit alters her mit der Ehe in Verbindung gebracht werden. Und auch Blütenblätter und ein Foto spielen wieder ein Rolle; diesmal jedoch kommt eine Kerzen-Nachtwache hinzu. Obwohl dieser Zauber länger dauert als andere, ist er dennoch sehr stark und macht viel Spaß.

SIE BRAUCHEN

Eine Zeichnung des glücklichen Paares, das Sie zu sein wünschen; einen Ring, um ihn auf die Zeichnung zu legen; ein kurzes Stück Schnur; eine lange weiße Kerze, mit Pomeranzenöl gesalbt; Orangenblütenblätter (ersatzweise Sommerjasmin-Blütenblätter); Pomeranzenöl

MONDPHASE: *Beginnen Sie kurz vor dem Vollmond*

♥ LEGEN SIE DAS BILD UND DEN RING AUF EIN FENSTERBRETT ODER EINEN KLEINEN TISCH UND STELLEN SIE DIE KERZE DAHINTER. Sieben Tage in Folge lassen Sie an jedem Tag die Blütenblätter über das Bild regnen, begleitet von einer verbalen Botschaft (in Ihren eigenen Worten). Betupfen Sie sich mit ein wenig Öl (verdünnt, wenn Sie eine empfindliche Haut haben) und tragen Sie dies die folgenden sieben Tage lang und auf jeden Fall immer, wenn Sie Ihren Liebsten sehen. ♥ AM ENDE DER WOCHE ROLLEN SIE DAS BILD ZUSAMMEN, BINDEN ES MIT DER SCHNUR FEST UND ZÜNDEN DIE KERZE AN. Stecken Sie sich den Ring an und tragen Sie ihn, bis der Zauber beendet ist. Sie müssen eine Kerze auf Ihrem »Liebesaltar« brennen haben, bis der Antrag, auf den Sie warten, gemacht worden ist. (Ein mir bekanntes Paar hat ständig sein Hochzeitsfoto zusammen mit einer Kerze und Orangenblüten auf einem kleinen Altar stehen – man weiß ja nie!)

Das seidene Tuch ❤ Dieser Zauber verlässt sich ebenfalls auf die mächtige Symbolik

des Ringes und des Altars, und auch er braucht seine Zeit.

Sie brauchen

Ein seidenes Taschentuch; Stickbaumwolle; einen goldenen, aber nicht unbedingt wertvollen Ring; einen »Liebesaltar« (ähnlich dem aus dem gegenüber

beschriebenen Zauber)

Mondphase: *Ganz neuer Mond*

❤ Bei diesem Zauber kommt es auf Ihre Geschicklichkeit mit der Nadel an, lassen Sie sich also Zeit, wenn Sie den ganzen Namen Ihres Liebsten in schönen, bunten Farben auf das Seidentuch sticken. Nehmen Sie dabei kräftige, hervorstechende Farben, damit der Name deutlich zu lesen ist. Nun sticken Sie Ihren eigenen Namen so auf das Tuch, daß er sich mit den Buchstaben des anderen überschneidet; nehmen Sie dazu passende, jedoch blassere Farben. Während des Stickens singen Sie ein Liebeslied und schicken liebevolle, aber nicht zu heftige Gedanken aus. Vertrauen Sie darauf, daß der Fortschritt in kleinen Schritten kommt, und seien Sie nicht ungeduldig. ❤ Sobald die Stickerei fertig ist, ziehen Sie das Tuch durch den Ring und sagen: »Unsere Liebe ist eine sanfte Macht, andern bringt sie Freundschaft; uns beiden bringe sie nunmehr Harmonie.« Knoten Sie jetzt den Ring in das Taschentuch und legen Sie beide auf Ihren Altar oder an einen anderen, Ihnen heiligen Ort. Lassen Sie sie 28 Tage (eine Mondperiode) liegen und warten Sie ab, was passiert.

Die rote Kerze ♥ DIESER ZAUBER BENUTZT ROT, DIE FARBE DES HANDELNS, um eine sich dahin-

ziehende Romanze in Richtung Altar zu bewegen.

SIE BRAUCHEN

Eine Locke aus dem Haar Ihres Liebsten; eine Schüssel voller Schafgarbe; eine rote Votivkerze; ein Schmuckstück, das Ihnen Ihr Liebster geschenkt hat

MONDPHASE: *Ganz neuer Mond*

♥ AN EINEM VON IHNEN BESTIMMTEN FREITAG BEI NEUMOND LEGEN SIE DIE LOCKE IN DIE SCHÜSSEL MIT DER SCHAF-GARBE, ein außerordentlich wirksames, magisches Kraut mit einem sehr beruhigenden Duft. Neigen Sie den Kopf und bitten Sie um ernsthafte Liebe; bitten Sie darum, daß, wenn diese Beziehung nicht dazu bestimmt ist, zu wachsen und Glück zu brin-gen, dieses sich zeige, damit Sie einen geeigneten Partner finden und sich mit ihm niederlassen können. ♥ ZÜNDEN SIE JETZT DIE KERZE AN UND FÜHREN SIE DAS SCHMUCKSTÜCK DURCH DIE STELLE OBERHALB DER FLAMME. Sagen Sie: »Amor gignit amorem.« Lassen Sie die Kerze herunterbrennen und wiederholen Sie diese Worte immer wieder; anschließend lassen Sie die Kerze, die Schüssel mit der Schafgarbe, das Schmuckstück und die Locke für 30 Tage beieinander. Danach werden sich die Dinge so oder so entscheiden.

Die Brosche ♥ EINE BROSCHE MIT EINER LOCKE DER GELIEBTEN PERSON WAR IN VIKTORIANISCHER

ZEIT EIN BELIEBTES AMULETT UND ANDENKEN.

SIE BRAUCHEN

Eine Locke aus Ihrem und dem Haar Ihres Liebsten; ein speziell angefertigtes Medaillon oder eine Brosche

MONDPHASE: *Beliebig, aber der Goldschmied sollte an einem Freitag mit der Arbeit beginnen*

♥ VERWEBEN SIE DIE BEIDEN LOCKEN MITEINANDER. Bringen Sie das Haar zu einem Goldschmied, der es in einem Me-daillon oder einer Brosche fassen sollte, welche üblicherweise mit einem Deckel aus Glas verschlossen sind. Wenn Sie Ihr Schmuckstück bekommen, zeigen Sie es dem Mond in der ersten Nacht und der Sonne am Tag darauf; dabei sprechen Sie die Bitte: »Erleuchte unser Leben, mögen von nun an unsere Nächte die Stunden des Mondes und unsere Tage die Stunden der Sonne teilen; möge unser beider Leben, mögen unsere Seelen nunmehr eins sein.« Innerhalb von drei Monaten sollten Sie das Aufgebot bestellen.

Der rote Kohl ♥ DIESES AUSSERGEWÖHNLICHE GEMÜSE BILDET, WENN MAN ES QUER SCHNEIDET, EINEN WUNDERSCHÖNEN STERN. Dieser ist der perfekte Ort zum Aufbewahren der Namen von zwei Liebenden.

SIE BRAUCHEN

Einen kleinen Rotkohl; je ein Foto von Ihnen und Ihrem Liebsten und je ein Stückchen Papier für Ihre Namen

MONDPHASE: *Vollmond*

♥ SCHNEIDEN SIE DEN KOHL SO IN DER MITTE DURCH, DASS DER »STERN« IN SEINEM INNEREN SICHTBAR WIRD. Legen Sie die Papierchen mit den Namen und die Fotos in den Kohl und legen Sie die Hälften wieder aufeinander. Dabei sagen Sie: *»(Name) lieb' mich kurz, lieb' mich lang, daß wir zusammen werden stark.«* Fügen Sie die beiden Kohlhälften mit Folie zusammen und zeigen Sie sie dem nächsten vollen Mond, wobei Sie wieder die obengenannten Worte sprechen. Jetzt legen Sie den Kohl eine Woche lang in den sicheren Kühlschrank, dann vergraben Sie ihn. Bald werden Sie Ihren Heiratsantrag haben.

Glück gebracht! ♥ EIN RUHIGER ZAUBER. Wenden Sie ihn an, während ein sanfter Regen fällt.

SIE BRAUCHEN

2 Glücksbringer, die Sie bzw. Ihren Partner darstellen (siehe ab Seite 112); Wasser, das bei Neumond aus einer fließenden Quelle, z. B. einem Fluß, geschöpft wurde; ein Glas oder einen kleinen Behälter

MONDPHASE: *Neumond*

♥ TAUCHEN SIE DIE GLÜCKSBRINGER, DIE SIE UND DEN MANN IHRES HERZENS DARSTELLEN, IN DAS WASSER, DAS SIE BEI NEUMOND AUS DER FLIESSENDEN QUELLE GESCHÖPFT HABEN. Am besten legen Sie sie in ein kleines Glas oder Gefäß, das mit dem Wasser gefüllt worden ist. Sprechen Sie die folgenden Worte: *»Die Ehe wird im Himmel geschlossen, laß unsere Freundschaft niemals enden.«* Geloben Sie, sie zu bewahren und zu nähren und in Ehren zu halten; geben Sie dieses Versprechen nicht leichtfertig. Jetzt sollten die Glücksbringer aus dem Wasser genommen und dieses an diesem Regentag oder -abend in eine andere fließende Quelle geschüttet werden. Legen Sie dabei wieder das Versprechen ab, und halten Sie es auch dann ein, wenn Ihr Wunsch am Ende in Erfüllung geht.

Der Myrtenmantel ❤ Die Myrte war in viktorianischer Zeit sehr beliebt und wird

NOCH HEUTE ZUM BINDEN VON BRAUTKRÄNZEN VERWENDET. Aber Ihre Anfänge als Glücksbringer in Liebesdingen reichen sehr viel weiter zurück; Griechen und Römer sahen sie als zu Aphrodite bzw. Venus gehörend an. Die Sieger bei den Olympischen Spielen trugen einen Myrtenkranz – und auch Sie sollten ihn tragen, wenn Sie Ihren »Preis« errungen haben.

Sie brauchen

Einige Myrtenblüten und -blätter; eine Jacke Ihres Liebsten und eine, die Ihnen gehört; einige Myrtenzweige für einen Altar; 7 kleine, nach Lavendel duftende Kerzen (eine je Wochentag)

Mondphase: *Beliebig*

❤ Nähen Sie ein paar Blüten und Blätter in die Taschen Ihrer Lieblingsjacke und, indem Sie eine notwendige Flickarbeit vortäuschen, in die Taschen seiner Jacke. Es kann auch sein Lieblingsjackett oder -mantel sein, und die Blüten und Blättchen dürften kaum auftragen. Bereiten Sie nun Ihren Myrtenaltar vor: Legen Sie ein frisches Tuch auf und Zweige der Pflanze darüber; in die Mitte stellen Sie die Kerze, die Sie zuvor mit Lavendelöl gesalbt haben. Entzünden Sie sie bei Mondaufgang und sagen Sie dazu: *»Besser, wir heiraten über der Myrte als über der Heide.«* (Besser, man heiratet jemanden, den man kennt, als einen Fremden!) Bitten Sie um Frieden und Harmonie in der Ehe. Lassen Sie die Kerze eine Weile brennen.

❤ Nehmen Sie in jeder weiteren Nacht der Woche eine frische Kerze, wiederholen Sie die Worte und streichen Sie über die Blätter der Pflanze, um ihren Duft freizusetzen. Bald darauf sollte ein Antrag kommen.

POTENZ UND

HIER NUN ETWAS FÜR JEDE(N) VON UNS! Die folgenden Zauber sind für all jene gedacht, die ein wenig mehr Leidenschaft in ihre Beziehung bringen möchten. Viele dieser Zauber, die zum Teil Liebestränke und Aphrodisiaka verwenden, wurden ursprünglich zur Förderung der Fruchtbarkeit angewandt, denn fehlende Libido bedeutete eine kleine Familie. Für viele wird dies das beliebteste Kapitel sein, denn die Zauber machen viel Spaß und können für viele Gelegenheiten angewandt werden. Leiten Sie sie immer mit einem Farbatmen ein (Purpur oder Glyzinie); wenn Kerzen abgebrannt werden, salben Sie sie mit Rosmarin für die Männer und mit Melisse (Zitronenmelisse) für die Frauen.

Die seidene Kordel ♥ VERSCHLUNGENE LIEBE. Dieser erste Zauber hat eine lange Geschichte;

meine Großmutter nannte ihn immer »uralt«, und wenn ich mir seine klassischen Symbole anschaue, glaube ich, daß er mit den Römern zu uns nach Großbritannien gekommen ist.

SIE BRAUCHEN

Eine Haarsträhne von Ihrem Liebsten und Ihnen selbst; etwas Stickbaumwolle in drei verschiedenen Farben nach eigener Wahl (siehe das Spektrum auf Seite 11); 3mal 1 Meter Seidenschnur in zur Baumwolle passenden Farben; ein paar »Tränen Amors«: je 2–3 Tropfen Tuberosen-, Jasmin- und Ylang-Ylang-Öl, 1 Tropfen Moschusöl, alles vermischt in 10 ml Mandelöl

MONDPHASE: *Vollmond*

♥ SIE STELLEN IHREN »VENUSGÜRTEL« FOLGENDERMASSEN HER: Bei Vollmond flechten Sie die Haarsträhnen mit der Stickbaumwolle zusammen und verknoten die Enden. Nun flechten Sie die Kordeln zu einem Zopf zusammen, und währenddessen singen Sie ein Liebeslied, das Sie an ihn denken läßt. Flechten Sie die Worte des Liedes in Ihren Gürtel mit hinein. Um die Mitte des Gürtels schlingen Sie den kleinen Zopf aus Haaren und Baumwolle, dann sichern Sie die Enden mit einem dekorativen Gegenstand nach Wahl: Quasten bieten sich am ehesten an, aber vielleicht entscheiden Sie sich auch für Glücksbringer, Muscheln oder andere persönliche Dinge. Der Gürtel ist jetzt fertig, und bevor Sie ihn das erste Mal tragen, d. h. an einem Abend, der ungezügelte Leidenschaft zu bringen verspricht, sollten Sie sich ein wenig Öl zwischen die Brüste, in die Kniekehlen oder hinter die Ohrläppchen etc. tupfen. Der Gürtel verleiht der Trägerin magische Kräfte, und die Düfte erregen denjenigen, dessen Nase sie kitzeln.

Meine Freundin Georgia trägt ihren Gürtel zu Geschäftsessen ebenso wie zu höchst privaten Essen in ihrem Garten. Anscheinend hat sie Barry (ihren außerordentlich attraktiven, aber deutlich älteren Ehemann) genau dort, wo sie ihn haben will: glücklich mit ihr allein und voller frecher Einfälle.

Rotes Band Nr. 3 ♥ EIN ZAUBER FÜR MÄDCHEN, DIE IHREN PARTNER IN ERREGUNG VERSETZEN.

SIE BRAUCHEN

1 Meter rotes Band; ein paar Tropfen »Amors Tränen«: je 2–3 Tropfen Tuberosen-, Jasmin- und Ylang-Ylang-Öl, 1 Tropfen Moschusöl, vermischt in 10 ml Mandelöl; einen schönen halterlosen Strumpf; winzige Votivkerzen in Regenbogenfarben, die den Weg zum Schlafzimmer säumen

MONDPHASE: *Beliebig*

♥ ZIEHEN SIE ZUNÄCHST DEN STRUMPF AN. Dann wickeln Sie das Band, das Sie zuvor mit etwas Öl besprengt haben, um das obere Ende des Strumpfes. Sagen Sie dabei den folgenden Spruch: *»Laß mich erinnern, wie ich meines Liebsten Herz gewann, laß' mich ihm zeigen den Palast der leibhaftigen Liebe; laß' seine Sorgen verfliegen und laß' ihn lächelnd seinen Teil tun. So sei es!«* Mit dem Strumpf am Bein und dem Band an der richtigen Stelle müssen Sie ihn nun an diesem Abend mit aller Macht verführen (wie hart sein Arbeitstag auch war, wie groß die Probleme mit Kollegen oder Kindern oder Schwiegereltern oder dem Auto auch sind). Säumen Sie den Weg zum Schlafzimmer mit den brennenden Kerzen und machen Sie diesen Abend zu einem romantischen und leidenschaftlichen Erlebnis, das alle anderen übertrifft. ♥ DANACH SOLLTEN SIE DAS BAND, WANN IMMER DIES MÖGLICH IST, AN UNGEWÖHNLICHEN ORTEN VERSTECKEN, so daß Ihr Liebster es findet, wenn er nicht damit rechnet: in seinem Terminplaner, seiner Brieftasche, seinem Aktenkoffer, seiner Hosentasche, um seine Bürotasse (denken Sie sich einen Weg aus, dies zu bewerkstelligen). Jedesmal, wenn er das Band entdeckt, wird er sich danach sehnen, bei Ihnen zu sein.

Meine sexy Freundin Fiona schickte einmal einen Boten zum Auto Ihres Mannes. Mit Ihrem Ersatzschlüssel öffnete er den Wagen und wickelte das Band kurz vor Büroschluß um das Lenkrad sowie den Strumpf um den Schalthebel. Es heißt, Ihr Mann hätte es so eilig gehabt, zu ihr nach Hause zu kommen, daß das Auto fast aus der Kurve getragen worden wäre.

Duftstoff-Therapie ♥ EIN ZAUBER FÜR DIE JUNGS. Er funktioniert ähnlich wie der auf Buch-

seite 84, aber Sie können auch einen handelsüblichen Duft verwenden.

SIE BRAUCHEN

Eine Mischung aus verschiedenen Ölen nach eigener Wahl einschließlich Zitrusdüften (Bergamotte, Limone, Grapefruit etc.) oder ein ganz neues Aftershave oder Parfüm – etwas, das Sie nie zuvor benutzt haben, das aber sorgfältig ausgewählt sein und einen frischen, zitronigen (oder, wenn Ihnen das lieber ist, ozeanischen) Charakter haben sollte

MONDPHASE: *Beliebig*

♥ SIE MÜSSEN IHR DEN HOF MACHEN WIE IN DER GUTEN, ALTEN ZEIT: Kochen Sie etwas Besonderes, säumen Sie den Weg zum Schlafzimmer mit Kerzen, richten Sie es ein, daß die Kinder bei Nachbarn oder Freunden untergebracht sind, kaufen Sie neue Bettwäsche und ziehen Sie sie vorher auf – was immer auch die übliche häusliche Routine unterbricht. Machen Sie mit der Dame Ihres Herzens leidenschaftliche Liebe und tragen Sie bei dieser Gelegenheit Ihren neuen Duft zum erstenmal. Gehen Sie sparsam damit um, wenden Sie ebensoviel Sorgfalt bei der Gestaltung der Atmosphäre auf. ♥ DANACH SOLLTEN SIE DEN DUFT (WIEDERUM SEHR SPARSAM!) AUF AUSGEFALLENE GEGENSTÄNDE SPRÜHEN, so daß sie ihm begegnet, wenn sie am wenigsten damit rechnet: ihre Geschäftskarten, ihr Halstuch, ihren Füllhalter oder Regenschirm, vielleicht ihre Handtaschen – lassen Sie sich etwas Witziges einfallen. Der Duft wird sie verrückt vor Verlangen machen.

Die Lavendelkerze Nr. 2 ❤ DAMIT ER VOR VERLANGEN BRENNT. Sie werden viel über

die Zauberkraft von Lavendelkerzen lernen. Im Idealfall ist dies eine Kerze, die bereits mit Lavendelöl parfümiert worden ist; wenn eine solche jedoch nicht erhältlich ist, können Sie sie selbst herstellen, indem Sie eine lavendelfarbene Kerze mindestens vierzehn Tage lang in einem geschlossenen Behälter (wie für Mehl oder Nudeln) zusammen mit Lavendelblüten und -öl aufbewahren.

SIE BRAUCHEN

Eine lange lavendelfarbene Kerze, die auf die eben beschriebene Weise parfümiert wurde; eine Nadel (oder einen anderen spitzen Gegenstand), um etwas ins Wachs zu ritzen; einen Magneten

MONDPHASE: *Zunehmender Mond*

❤ SIE ARBEITEN MÖGLICHST NUR IM MONDLICHT. UNTERTEILEN SIE IHRE KERZE MIT VIERZEHN KERBEN (JEWEILS SIEBEN AUF EINER SEITE) IN GLEICH LANGE ABSCHNITTE. Auf der Vorder- und Rückseite erweichen Sie das Wachs ein wenig, indem Sie die Kerze auf eine warme Oberfläche legen. Dann erwärmen Sie Ihren spitzen Gegenstand und schreiben Ihren Namen (oder Ihre Initialen) auf die eine, die Ihres Liebsten auf die andere Seite. Legen Sie den Magneten vor die Kerze und zünden Sie, nachdem Sie die Farbe Lila geatmet haben, Ihre Kerze an. ❤ SCHICKEN SIE LEBHAFTE, STARKE UND SINNLICHE BOTSCHAFTEN DER LEIDENSCHAFT UND DES LIEBEMACHENS MIT IHREM PARTNER AUS, WÄHREND DIE KERZE BRENNT; halten Sie dabei den Magneten fest. Schicken Sie aber auch Gedanken der Liebe und Wärme aus, damit Sie das Gleichgewicht der wahren Gefühle, die Sie füreinander haben, nicht stören und Ihre Beziehung nicht rein körperlich wird. Wiederholen Sie diese Prozedur zur gleichen Zeit, während der Mond weiter zunimmt, und Sie dürften feststellen, wie die Leidenschaft Ihrer Liebesbeziehung vom ersten Augenblick an erneuert wird. Es ist vielleicht hilfreich, von nun an den Magneten im Schlafzimmer (oder einem anderen Raum, in dem die Gelegenheit zur Liebe sich ergeben könnte) aufzubewahren.

Der Erdbeer- und Sternenblumenbecher  DER ERSTE VON

ZWEI ABSOLUT SICHEREN LIEBESTRÄNKEN. Die schönen, herzförmigen Erdbeeren wurden schon immer mit sinnlichen Genüssen und Liebe assoziiert. Wilde Erdbeeren, die ursprünglich in vielen Tränken und Kräuterheiltees verwendet wurden, haben einen wunderbaren Duft und enthalten viel Eisen und Kalium, die beide Kraft und Mut geben. Vielleicht erklärt dies, weshalb sie so oft in Liebesträken vorkommen. Wenn man sie mit perlenden alkoholischen Getränken (oder Mineralwasser für Abstinenzler) kombiniert, treten ihre Eigenschaften schneller in die Blutbahn ein, und in Verbindung mit Natternkopf (einem Verwandten des Borretsch) oder dem Borretsch selbst (den manche Leute auch »Sternenblume« nennen) kann eine sanfte, euphorische Stimmung erzeugt werden.

SIE BRAUCHEN

1 Teelöffel Natternkopf- oder Borretschblätter und -blüten (wenn Sie keines von beiden bekommen können, nehmen Sie ein paar Tropfen Borretschöl, das häufiger erhältlich ist); 1 Teelöffel Zucker; 1 Eßlöffel getrocknete wilde Erdbeerblätter; etwa 1 Dutzend gezüchtete oder 2 Dutzend wilde Erdbeeren (die wilden haben den stärkeren Duft); ein paar Tropfen Zitronensaft; ein Flasche Sekt oder moussierenden Wein; einen Glücksbringer (siehe Anhang), der Ihren Liebsten symbolisiert und in einem Eiswürfel eingefroren worden ist

MONDPHASE: *Vollmond*

♥ BETRÄUFELN SIE DIE KRÄUTERBLÄTTER UND HALBIERTEN ERDBEEREN MIT DEM IN EIN WENIG ZITRONENSAFT AUFGELÖSTEN ZUCKER (ODER DEM ÖL) UND LASSEN SIE ES ETWA EINE HALBE STUNDE LANG IN EINER KLEINEN SCHALE ZIEHEN. Fügen Sie ein kleines Glas von dem Wein hinzu und lassen Sie diese Mischung noch einmal zwei Stunden ziehen. Konzentrieren Sie während dieser Vorbereitungen Ihr Verlangen auf Ihren Liebsten und schicken Sie Gedanken der Wärme und Liebe in seine Richtung. (Damit diese Gedanken mehr Kraft bekommen, wickeln Sie ein Stück lavendelfarbenes Seidenband um den Zeigefinger Ihrer rechten Hand.) Nach zwei Stunden schöpfen Sie die Blätter, nicht jedoch die Erdbeeren von der konzentrierten Flüssigkeit und gießen sie mit dem restlichen Wein auf. Gießen Sie das Getränk in ein Glas und fügen Sie den Eiswürfel mit dem Glücksbringer (traditionsgemäß ein silbernes Herz oder ein goldener Pfeil) hinzu. Dieses Aphrodisiakum wird Ihre Beziehung mit großer Leidenschaft erfüllen.

Das Geheimnis des Cognacs ❤ AUS FRANKREICH KOMMT EIN WEITERER SEHR WIRKSAMER LIEBESTRANK, DER ZEIGT, WIE EINE KLEINE VERÄNDERUNG DIESES BRANNTWEINS LEIDENSCHAFT ERREGEN KANN.

SIE BRAUCHEN

Eine kleine Flasche Cognac oder Armagnac; Orangen- und Zitronenscheiben sowie -blüten (wenn erhältlich); Borretschblüten; einen Seidenstrumpf

MONDPHASE: *Vollmond*

❤ LASSEN SIE DIE ZITRONEN- UND ORANGENSCHEIBEN BEI RAUMTEMPERATUR ZWEI BIS DREI STUNDEN LANG IN DEM COGNAC ZIEHEN, fügen Sie die Borretschblüten hinzu und geben Sie der Mischung weitere zwei Stunden. Filtern Sie die Flüssigkeit durch einen Seidenstrumpf und sprechen Sie dabei: »*Je voudrais l'amour de (Name); c'est l'amour qui fait le monde la ronde.*« (»*Ich wünsche mir die Liebe von …; es ist die Liebe, die die Welt sich drehen läßt.*«). Schlürfen Sie das Getränk bei Kerzenlicht mit Ihrem Liebsten; Sie werden überrascht sein, wie sehr es das Blut wärmt und die Leidenschaft erregt.

Viola odorata ❤ UM IHRE KÖRPERLICHE BEZIEHUNG ZU UNGEAHNTEN, NEUEN ZU FÜHREN. Veilchen waren die Nahrung der Leidenschaft, die Jupiter für seine geliebte Viola schuf. Die Griechen benutzten Veilchen, um Konfekt zu parfümieren, und in römischen Liebestränken waren sie eine wichtige Ingrediens. Veilchenwein galt als stark wirksamer Trank für Liebende und half bei alkoholischem Kater. Mischen Sie sich also einen Veilchenwein.

SIE BRAUCHEN

15 g Veilchenblüten, möglichst frisch (es lohnt sich, die Pflanze in einem Topf zu ziehen und die Blüten zu ernten, wenn sie am süßesten sind und am stärksten duften); eine Flasche trockenen Weiß- oder weichen Rotwein; ein paar Scheiben Kiwi (zum Weißwein) oder Pflaumen (zum Rotwein)

MONDPHASE: *Beliebig*

❤ WEICHEN SIE DIE BLÜTEN DREI TAGE LANG IN DEM GEKÜHLTEN WEISS- ODER ROTWEIN EIN. Anschließend erwärmen Sie den Wein ganz langsam (nicht kochen!) und lassen ihn wieder abkühlen. Schöpfen Sie die Blüten ab, fügen Sie die in Scheiben geschnittenen Früchte hinzu und servieren Sie das Ganze mit offenkundiger Unbekümmertheit. Bald wird Ihr Partner Überstunden machen, um Ihre Aufmerksamkeit zu erregen.

Die zehn erfolgreichsten Aphrodisiaka ❤ GRÜNER TEE GILT

HEUTE ALS HEILMITTEL BEI VIELEN KRANKHEITEN: machen Sie sich eine Kanne voll und trinken Sie ihn über den Tag verteilt.

❤ LAVENDEL REGT AN! Verwenden Sie ihn sparsam, wenn Sie Ihre Geschmacksnerven kitzeln wollen: »Pasta Lavandula« finden Sie im letzten Kapitel, aber Sie können Lavendel auch einer Reihe von Soßen hinzufügen. Mein Lieblingsrezept ist Lavendel-Hollandaise: Bevor ich die Eigelb schlage, füge ich ein paar Tropfen Lavendelöl oder ein paar frische Blütenblätter hinzu.

❤ EINE ANDERE EXPLOSIVE MISCHUNG IST PETERSILIE-UND-KORIANDER-PESTO: Je eine große Handvoll Petersilie und Koriander (in beiden Fällen Blätter, möglichst frisch) werden in einem Mixer mit 2 Knoblauchzehen und 2 Eßlöffeln Olivenöl verrührt. Die Mischung ist höchst wirkungsvoll. ❤ ICH HABE EINE FREUNDIN, DIE SO ZIEMLICH ALLE LIEBESGEHEIMNISSE KENNT. Sie ist davon überzeugt, daß das beste Heilmittel bei Frigidität ein warmes Bad ist – ich nenne es hiermit »Eikes Frostschutzmittel«. Ihr geheimes Ingrediens ist Melissenöl, das dem einlaufenden Bad zusammen mit etwas Badesalz und Mandelöl beigefügt werden sollte. Diese einfache Lösung heilt tatsächlich, sie besänftigt und entzückt den weiblichen Körper; wenn man gleichzeitig ein wenig Zitronenmelissen-Tee trinkt, ist das Ergebnis ein ungezügelter Appetit auf sinnliche Freuden! ❤ AUCH MÄNNER HABEN IHR GEHEIMES REZEPT: Rosmarin hilft ganz ausgezeichnet bei nervösen Störungen, Ängsten oder Streß. Ein Bad mit Rosmarinöl dürfte seine »Kopfschmerzen« wirkungsvoll bekämpfen, wenn er das nächste Mal behauptet, welche zu haben, und Sie haben ganz andere Vorstellungen. ❤ AUSTERN haben nicht nur eine großartige Konsistenz, sondern verleihen dem Esser außerdem sehr viel Kraft. ❤ WENN BEIDE SEITEN ZU NERVÖS SIND, LIEBE ZU MACHEN, ist Champagner das Mittel der Wahl – auch ohne die auf diesen Seiten beschriebenen Beifügungen. Er tritt schneller als gewöhnlicher Wein in die Blutbahn ein und heitert die meisten Leute auf. Als Aperitif und zusammen mit Austern genommen, kann er sie beide in die Stratosphäre schicken! ❤ EINE SINNLICHE MASSAGE MIT APHRODISISCHEN ÖLEN wird jede(n) in Stimmung bringen; aber am besten eignen sich Zitronengras (Cymbopogon citratus), Jasmin, Ylang-Ylang und vor allem Tuberose. ❤ HONIG WAR SO BERÜHMT FÜR SEINE APHRODISISCHEN EIGENSCHAFTEN, daß er im Englischen zum Wort »Honigmond« für die Flitterwochen führte. Er kann auf vielerlei Weise angewandt werden; die Polynesier salben damit ihre Geschlechtsteile – als Stimulans und Gleitmittel. ❤ MOHNSAMEN SIND BESONDERS GEEIGNET, der sexuellen Leistung zusätzlichen Schwung zu verleihen. Es heißt, daß Sportler, die Mohnbrötchen gegessen hatten, bei Dopingtests positiv reagierten; verwenden Sie ihn also großzügig.

Stiefmütterchen und Honig ❤ BEI JEMANDEM, DER EINE SEHR KRÄNKENDE

ODER VERLETZENDE LIEBESBEZIEHUNG HINTER SICH HAT, in der sein Vertrauen schwer mißbraucht wurde, kann das nachfolgend beschriebene Gebräu dazu beitragen, Herz, Körper und Seele zu heilen. Das Stiefmütterchen oder wilde Veilchen hat zahllose andere Namen, die uns daran erinnern, daß es als Glücksbringer in Liebesdingen und Ingrediens für Liebestränke galt. (Im Englischen z.B. trägt es Beinamen wie »Küss-sie-in-der-Vorratskammer«, »Blutende Liebe« oder »Drück-mich«.) Verwenden Sie es in diesem Trunk, der sich gut als winterliche Alternative zu den zuvor beschriebenen sommerlichen Getränken eignet.

SIE BRAUCHEN

Nicht mehr als 30 g getrocknete Veilchen (vor allem Blüten, aber auch ein paar Blätter); eine Flasche Rotwein; je eine Prise Muskat, Nelken und Zimt; 1 Teelöffel Honig; Kerzen, die während des Trinkens brennen und deren Farben zu denen der Blume passen sollten

MONDPHASE: *Beliebig*

❤ LASSEN SIE DIE BLÜTEN UND BLÄTTER ETWA EINE STUNDE LANG IN ETWAS KÜHLEM ROTWEIN EINWEICHEN.
Fügen Sie die Gewürze und den Honig hinzu und lassen Sie das Ganze eine weitere Stunde ziehen. (Achten Sie darauf, daß das Getränk nicht zu stark wird, es könnte andernfalls Übelkeit verursachen – ganz das Gegenteil dessen, was Sie sich wünschen!) Erhitzen Sie den Wein ganz vorsichtig ein paar Minuten lang und gießen Sie ihn dann durch ein Sieb in vorgewärmte Becher. Er muß heiß und bei Kerzenlicht getrunken werden; vor allem, wenn man ihn in einem gemeinsamen Bad genießt, ist er ganz ausgezeichnet. **Dieser Wein macht an und für sich schon süchtig: Selbst wenn mit Ihrer Beziehung alles in Ordnung ist, probieren Sie dieses Rezept einmal aus und genießen Sie die Auswirkungen, die sich einstellen, wenn Sie ihn mit Ihrem Liebsten teilen.**

Nelken, Nüsse und roter Wein  UM EINE LANGWEILIGE SEXUELLE BE-

ZIEHUNG ZU BELEBEN. Anders als bei den anderen Liebestränken ist es hierbei notwendig, bei der Herstellung des Getränks ein kleines Ritual zu befolgen. Dieses Ritual und die gesprochenen Worte werden laut herkömmlicher Überzeugung die Eigenschaften der Nelke verändern, die im Mittelpunkt des Zaubers stehen.

SIE BRAUCHEN

10 duftende Gartennelken; eine Flasche Rotwein; Salatblätter; ein paar ganze Nüsse, darunter Hasel-, Wal- und Pekannüsse sowie Mandeln

MONDPHASE: *Zunehmend*

♥ ZUNÄCHST VOLLZIEHEN SIE IHR FARBATMUNGS-RITUAL MIT BRENNENDEN KERZEN, dann legen Sie die Blumen in einem Kreis aus und setzen sich mit dem Gesicht nach Osten in ihre Mitte. Schicken Sie Ihrem Liebsten, dessen körperliche Gegenwart Sie vermissen und mit dem Sie eine alles andere als vollkommene sexuelle Verbindung haben, in Gedanken eine Botschaft. Betrachten Sie der Reihe nach alle Blumen und versuchen Sie, in jeder sein Gesicht zu sehen. Atmen Sie den Duft jeder Blume ein und schicken Sie ihm in Gedanken diesen Duft. Dann legen Sie das Kinn auf die Brust und beginnen Ihren Kopf kreisen zu lassen, wobei eine Seite des Nackens jeweils stark gedehnt wird (so wie Sie es bei einer Entspannungsgymnastik machen würden). Achten Sie darauf, daß Sie dies im Uhrzeigersinn tun, wenn Sie nicht wollen, daß die Beziehung sich rückwärts entwickelt und sich »auflöst«. Schließen Sie die Augen und sagen Sie: »*Düfte und Sinne sind zu unserer Freude da; jetzt betritt unsere sinnliche Liebe eine höhere Ebene.«* ♥ NEHMEN SIE DIE BLUMEN UND ENTBLÄTTERN SIE SIE SEHR SANFT. Bewahren Sie eine Hälfte der Blätter in einer Plastiktüte im Kühlschrank für den Salat auf, lassen Sie die übrigen im Wein einweichen und stellen Sie die Mischung für acht Tage an einen kühlen Ort. Erhitzen Sie die Flüssigkeit vorsichtig (niemals kochen!) und wiederholen Sie die Worte des Zauberspruchs. Gießen Sie den Wein, der jetzt den Duft der Nelken angenommen hat, durch ein Sieb ab. ♥ AN DEM ABEND, AN DEM SIE IHN MIT IHREM LIEBSTEN TRINKEN WOLLEN, machen Sie einen grünen Salat nach Ihrer Wahl und fügen die Nüsse, die verbliebenen Blütenblätter der Nelken sowie ein leichtes Dressing mit Essig und Öl hinzu. Dies sollte der erste Gang Ihres Essens werden – mit ein wenig Glück auch der letzte. Wenn Ihrer Liebesbeziehung in der letzten Zeit ein wenig Lust gefehlt hat, sollte dieser Zauber Abhilfe schaffen. Wenden Sie ihn an, wann immer es notwendig erscheint.

GLÜCKLICH
UND ZUFRIEDEN

DIESES LETZTE KAPITEL BEFASST SICH MIT DER HERAUSFORDERUNG, DIE LIEBE IN LANGDAUERNDEN BEZIEHUNGEN FRISCH ZU HALTEN. Indem wir erkennen, wie notwendig dies ist, sind wir schon auf halbem Wege, die Langeweile zu besiegen. Wir werden spielerische Zauber anwenden, einfache Prozeduren, um unsere täglichen Angelegenheiten, d. h. die Realität im Zusammenleben mit unserem Partner mit Romantik zu erfüllen. Indem wir anerkennen, daß wir mit Unstimmigkeiten rechnen müssen, halten wir schon nach neuen Möglichkeiten Ausschau, sie zu überwinden. Leiten Sie alle Zauber mit dem nunmehr vertrauten Ritual des Farbatmens ein: Die Farbe für die vollkommene Liebe ist echtes Rosarot, und bei den Düften haben Sie die Wahl zwischen Zitrone oder Rose.

Die magische Note ❤

Musiker gelten astrologisch gesehen als die »Kinder der Venus«, und Shakespeare beschreibt Musik als die »Nahrung der Liebe« schlechthin. Musik bildet auch die Grundlage für diesen nächsten Zauber.

Sie brauchen

Einige leere Visitenkarten für Ihre besondere Botschaft; so viele Votivkerzen, wie Ihr Lied Wörter hat (siehe unten); je ein paar Tropfen Nelken-, Sandelholz- und Weihrauchöl; eine Musiknote in der Form eines Glücksbringers, einer Vase oder eines Bildes

Mondphase: *Beliebig*

❤ Für diesen Zauber müssen Sie zuvor entscheiden, welche Worte Sie Ihrem Partner als einfache und klare Botschaft der Liebe in die Seele schicken wollen. Entweder wählen Sie eine Musik, die einen Bezug zu ihm hat oder Sie lassen Ihr Herz sprechen und benutzen Ihre eigene Phantasie. In jedem Fall sollten die Worte aufmuntern und nicht belasten; *»Ich werde dich immer lieben«* ist sicher keine schlechte Wahl, *»Ohne dich kann ich nicht leben«*, erweckt wohl doch zu drückende Assoziationen.

❤ Schreiben Sie jedes Wort auf eine eigene Visitenkarte und legen Sie jede unter eine Votivkerze. Mischen Sie die Öle und salben Sie die Kerzen und sich selbst damit ein. Nehmen Sie die Darstellung der Note in die Hand und setzen Sie sich in die Mitte der Kerzen; denken Sie dabei konzentriert daran, wie Ihr Liebster aussieht, riecht und sich anhört. Atmen Sie seine Gegenwart ein, als ob er real bei Ihnen wäre. ❤ Nun lassen Sie die Musik laufen und zünden Sie die Kerzen in der Reihenfolge der ihnen zugeordneten Worte an. Verweilen Sie lange bei jedem einzelnen Wort, lassen Sie sich Zeit. Riechen Sie die Öle, die zu Ihrer Konzentration und Ihren hellseherischen Fähigkeiten beitragen, und stellen Sie sich beim Aufnehmen jedes Wortes sein Gesicht, Lachen und Lächeln vor. ❤ Halten Sie diese Gedanken so lange aufrecht, bis Sie die Worte des ganzen Satzes, Verses oder Liedes aufgenommen haben, dann stellen Sie sich vor, daß Sie alle Worte, Gerüche und das Licht aller Kerzen Ihrem Partner zusenden. Fügen Sie am Ende der Botschaft ein eigenes Lachen und Lächeln hinzu, indem Sie »ganz viel Liebe« mitschicken; dann lassen Sie alles zusammen los. Löschen Sie die Kerzen eine nach der anderen und bewahren Sie den Glücksbringer auf, bis Sie ihn Ihrem Liebsten schenken können. Kurz darauf werden Sie ein greifbares Zeichen dafür sehen, daß die unterbewußte Botschaft am Werke ist, und Ihre Beziehung wird deutlich stärker werden.

Der Regenbogen der Liebe ❤ MEIN MANN UND ICH WENDEN DIESEN ZAUBER

JEDES JAHR AM JAHRESTAG UNSERER ERSTEN BEGEGNUNG AN; dabei spielen immer Blumen aus dem wunderschönen Garten eine Rolle, den er für mich aus einem wilden Stück Land geschaffen hat.

SIE BRAUCHEN

6mal 1 Meter Seidenband, 6 Blumen und 6 Votivkerzen in passenden Farben, so aus der Liste ausgewählt, daß sie zu Ihren Zahlen passen (aber achten Sie darauf, daß Rosarot eine der sechs Farben ist)

MONDPHASE: *Beliebig*

❤ AM WICHTIGSTEN DATUM IHRER BEZIEHUNG (DIE ERSTE BEGEGNUNG, DIE VERLOBUNG ODER HOCHZEIT) stellen Sie in jedem Zimmer Ihres Hauses eine Kerze auf, die an ihrem Fuß mit einem passenden Band umwickelt wurde, und die passende Blume dazu. Wenn Sie nur eine kleine Wohnung haben, plazieren Sie die Farben statt dessen in unterschiedliche Bereiche. Wählen Sie Purpur oder Glyzinienfarbig (und die dazugehörige Blume, falls möglich) für das Schlafzimmer und Rosarot für das Zimmer, das am deutlichsten das »Herz« Ihrer Wohnung bildet: Das kann die Küche oder das Wohnzimmer sein, das Eßzimmer oder sogar der Garten, wenn Ihnen dieser am besten gefällt und Sie es lieben, hier allein oder mit Freunden zu sitzen. ❤ NACHDEM SIE ALLE GEGENSTÄNDE UNTERGEBRACHT HABEN, nehmen Sie Ihren Partner bei der Hand und gehen Sie durch das Haus, wobei Sie nacheinander alle Kerzen anzünden. Währenddessen lassen Sie die Farbe der Kerze im Zimmer herumwirbeln und stellen sich vor, daß Sie sich von allem Negativen und aller Trägheit in Ihrer Beziehung befreien. Schließlich stellen Sie sich einander gegenüber und halten sich bei den Händen – das Symbol der Hexen für die Ehe – und wirbeln Farbe und Frieden umeinander. Nehmen Sie einander in den Arm. ❤ JETZT SIND SIE BEREIT, jede Prüfung zu bestehen, und Ihre Liebe wird alle Hindernisse überwinden. Sammeln Sie am Ende des Zaubers alle Blumen zu einem Strauß und stellen Sie diesen zur brennenden rosaroten Kerze. Hier sollte er sieben Tage lang in einer Vase bleiben.

Elementare Liebe ❤

ERDE, LUFT, FEUER UND WASSER. Dieses wunderschöne und komplizierte Ritual ist eine ausgezeichnete Alternative zur Hochzeit für alle diejenigen, die eine bürgerliche Ehe lieber nicht eingehen wollen.

SIE BRAUCHEN

2 Arten rosafarbener Blumen (eine blaßrosa und eine tiefrosa Rose wären ideal), und zwar so viele, daß Sie 50 bis 100 Blütenblätter bekommen; eine rosafarbene Kerze für den Altar; etwas rosafarbenen Stoff; etwas Benzoe (javanischer Weihrauch); einen Samtbeutel oder eine hölzerne Schale; 4 Orte zum Verstreuen der Blütenblätter – es sollte ein Ort mit fließendem Wasser oder einer am Meer dabeisein und, vor allem, ein Heißluftballon

MONDPHASE: *Vollmond*

❤ ERNTEN ODER KAUFEN SIE GEMEINSAM IHRE BLUMEN VIER TAGE VOR VOLLMOND. Ziehen Sie die Blütenblätter der Blumen ab, die den jeweils anderen repräsentieren. Gemeinsam errichten Sie einen Liebesaltar aus dem rosafarbenen Tuch und der Kerze und reinigen zuvor in Gedanken den Ort. Mit den Blütenblättern Ihres Partners legen Sie seinen Vornamen aus und bitten ihn, dasselbe mit Ihrem Namen zu tun – und beide Namen sollten einander überschneiden. Jetzt zünden Sie die Kerze und das Benzoe an, halten einander bei den Händen und bitten um Segen für Ihre Beziehung. Bitten Sie darum, die Alchimie der Liebe möge Ihrer Verbindung größere Reife und Klugheit bringen. ❤ LASSEN SIE DEN ALTAR MIT DEN BLÜTENBLÄT-TERINITIALEN VIER TAGE LANG UNBERÜHRT und zünden Sie die Kerze jeden Tag oder Abend für ein paar Stunden an. ❤ AM TAG DES VOLLMONDS LEGEN SIE DIE BLÜTENBLÄTTER IN EINEN SAMTBEUTEL ODER EINE HÖLZERNE SCHALE und bringen sie nacheinander zu den Elementen Erde, Wasser und Feuer. Zunächst verstreuen Sie einige Blütenblätter an einem von Ihnen ge-liebten Ort auf der Erde und sagen dabei: »*Aus Erde sind wir gemacht, und unsere Liebe ist gegründet in fruchtbarer Wärme.*« Dann fahren Sie ans Meer oder an einen Fluß, wo Sie einige der Blätter ins Wasser werfen und sprechen: »*Aus Wasser sind wir gemacht, und unsere Liebe fließt wie zwei Ströme zusammen.*« Ihr nächster Halt ist bei einem Feuer, in Ihrem Haus oder außerhalb; verstreuen Sie einige Blütenblätter über das Holz oder die Kohlen und sagen Sie: »*Unsere Liebe spricht die Sprache der Leidenschaft, sie wärmt und verwandelt unsere Sinne, sie leuchtet mit der Sonne Kraft.*« ❤ BEI SONNENAUFGANG NEHMEN SIE DIE VERBLIEBENEN BLÄT-TER ENTWEDER AN EINEN HOCHGELEGENEN ORT, ODER machen Sie eine Ballonfahrt. In der Luft oder an Ihrem heiligen Ort sagen Sie schließlich: »*Unsere Liebe ist auch Geist, bedeutsam wie der Atem, mächtig wie der Sturm, sanft wie eine Brise, die die Wangen streichelt und die Haare zaust. Wir sind in allen Elementen und sind eins.*« Jetzt sind Sie miteinander verbundene Liebende für alle Ewigkeit.

Das Sternbild ❤ EIN ZAUBER, UM IHRE LIEBESBEZIEHUNG IN DAS HIMMLISCHE REICH ZU STELLEN.

Sie brauchen Ihre handwerklichen Fähigkeiten, um aus einem dunkelblauen Hintergrund und goldenen Sternen Ihr eigenes Firmament zu schaffen, ein Himmelszelt über Ihrem »Ehebett«.

SIE BRAUCHEN

Etwas Farbe, um die Zimmerdecke dunkelblau zu streichen; etwas Blattgold oder eine gute Goldfarbe; blaue Kerzen

MONDPHASE: *Beliebig*

❤ DIESES RITUAL IST AUF ZWEIERLEI WEISE SEHR SCHÖN: Zum einen schaffen Sie ein eigenes Kunstwerk, mit dem Sie Ihr Zimmer segnen und verschönern, und zum anderen werden Sie später unter einem Mikrokosmos des Himmels liegen, in dem Ihre eigenen unverwechselbaren Persönlichkeiten ihre besondere Bedeutung bekommen: Sie preisen Ihre Liebe, indem Sie sie »in den Himmel heben«. ❤ BEGINNEN SIE DAMIT, DASS SIE DIE STELLE ÜBER IHREM BETT IN EINEM BLAU STREICHEN, DAS IHNEN GEFÄLLT. Lassen Sie sich Zeit, übereilen Sie nichts, nur um fertig zu werden; je mehr Zeit Sie sich für diese Arbeit geben, um so mehr wird Ihnen bewußt werden, wie lange es dauert, bis eine Beziehung zu voller Schönheit heranwächst. Sobald Ihr Hintergrund trocken ist, beginnen Sie mit dem magischen Teil der Aufgabe: Mit der goldenen Farbe schaffen Sie eine neue Galaxie, wobei das Ziel darin besteht, Ihre und Ihres Liebsten Initialen oder Namen oder Symbole in Sternen darzustellen und sie dabei auf dem nächtlichen Himmel miteinander zu verflechten. Verbrennen Sie während der Arbeit nach Weihrauch duftende Kerzen oder solche, deren Farben zu Ihrer Stimmung passen. Lassen Sie Ihre Liebe in die Arbeit fließen und denken Sie über die Vorstellung göttlicher Liebe nach, die Sie anerkennen und anstreben können. Spielen Sie während des Arbeitens sanfte Musik, wenn Ihnen dies angenehm ist – kurz gesagt: Machen Sie alles, was dazu beiträgt, das Projekt mit einem friedlichen, liebevollen Gefühl zu erfüllen, in dem Ihre körperliche, irdische Liebe gedeihen kann. ❤ VERGESSEN SIE NICHT: Wie alle anderen Zauber braucht auch dieser die friedliche Konzentration der Gedanken und Gefühle; es sind die gedanklichen Kräfte, die die Magie bewirken, die physische Arbeit symbolisiert lediglich Ihre Ideen, indem sie ihnen eine greifbare Existenz verleiht. ❤ WENN SIE DAS ERSTE MAL MIT IHREM PARTNER UNTER DIESEM BALDACHIN LIEGEN, konzentrieren Sie sich gemeinsam auf die Wirkung des »Sternenlichts« und geloben Sie beide, immer danach zu trachten, Ihre Verbindung und Ihren Lebensweg auf die höchste Ebene zu führen – und in den Sternen zu wandeln.

Der Schlüsseltalisman ♥ Das Symbol von Schloss (engl. »lock«) und Schlüssel

taucht immer wieder in der Hexerei auf: Zunächst einmal ist da die offenkundige sexuelle Assoziation; darüber hinaus gibt es den Gedanken, daß das eine den Zugang zu etwas Kostbarem oder Privatem verwehrt und das andere ihn ermöglicht. In diesem Zauber werden Schloß und Schlüssel als etwas Verheißungsvolles angesehen, als das Teilen von Wissen zwischen zwei Menschen und die darauffolgende Intimität.

Sie brauchen

2 Schlüssel für Ihre Vordertür oder jedes Ihrer Autos oder sonst einen privaten und geeigneten Ort; eine Locke (engl. »lock« auch: »Locke«) Ihres und Ihres Liebsten Haares

Mondphase: *Neumond*

♥ Legen Sie zunächst fest, welches Schlüsselpaar Sie nehmen wollen: Ihr Schlüssel ist vielleicht der eines Tagebuchs oder einer Schublade im Schreibtisch, seiner möglicherweise der seines Autos, wenn er viel unterwegs ist. Ansonsten sind die Schlüssel zur gemeinsamen Wohnung die naheliegendste Wahl. ♥ Zur Zeit des Neumonds bringen Sie Ihre Schlüssel zu einem Goldschmied, der sie versilbert oder vergoldet oder, besser noch, sie in Silber oder Gold ganz neu anfertigt, wenn sie klein genug sind. Lassen Sie auch Ihre Initialen in die Schlüssel gravieren. Wenn diese Arbeiten einige Tage dauern, warten Sie bis zum nächsten Neumond, bevor Sie mit dem Zauber fortfahren. ♥ Nehmen Sie Ihre Schlüssel und gehen Sie gemeinsam zu einer Schleuse (engl. »lock« bedeutet auch »Fluß- oder Kanalschleuse«) und segnen Sie sie dort mit einer Anrufung eigener Wahl; damit symbolisieren Sie die ständige Reise in entlegene Teile Ihrer Welt, und das wiederum hat mit Wasser, dem Element der Gefühle, zu tun. Am selben Tag gehen Sie zusammen in einen Park oder Garten und schneiden einander eine Locke ab, die anschließend durch die Öffnung im Griffstück des Schlüssels gezogen wird. Legen Sie anschließend Schlüssel und Locke(n) in eine Tasche oder eine Streichholzschachtel oder sonst einen Ort, an dem sie zusammenbleiben können, während Sie die Heimreise antreten, um die Schlüssel an Ihrem Bestimmungsort, den Schlössern, zu denen sie passen, zu segnen. Sagen Sie etwa die folgenden Worte: *»In der Ferne oder daheim, gib uns Kraft und Vertrautheit; laß' uns einer des anderen verborgenes Selbst erschließen und so bewußter werden für das, was wir gemeinsam sind.«* ♥ Nun sollte jeder von Ihnen den jeweils anderen Schlüssel ständig bei sich tragen – in dem Bewußtsein, daß gewisse verborgene Teile Ihrer Persönlichkeiten jetzt auf geheimnisvolle Weise ans Licht kommen können.

Die Rose im Honig ♥ EINE WEITERE SCHÖNE VERKÖRPERUNG INNIGER LIEBE, DIE AUSSER-
DEM STREITIGKEITEN UND UNSTIMMIGKEITEN HEILEN KANN.

SIE BRAUCHEN

2 Stückchen Papier, etwa 7 cm x 3 cm groß; ein kleines Glas; etwas Honig; einen schönen Rosenstrauch, traditionsgemäß eine zweifarbige Variante, wie z. B. Rosa mundi oder R. Ferdinand Pichard

MONDPHASE: *Beliebig*

♥ SCHREIBEN SIE IHREN NAMEN AUF DAS EINE, DEN IHRES LIEBSTEN AUF DAS ANDERE PAPIERSTÜCKCHEN, küssen Sie diese und binden Sie sie zu einem Knoten zusammen. Legen Sie beide in das Glas, bedecken Sie sie mit Honig und schrauben Sie den Deckel wieder fest. Jetzt pflanzen Sie Ihre Rose – wenn es geht, gemeinsam, aber Sie können es auch allein tun, wenn die Um-stände dies gebieten. Sagen Sie Worte wie zum Beispiel: *»Wir sind irdische Wesen, leben hier auf dieser Erde, die gesegnet ist durch die Gaben der Natur und unser Wissen umeinander und unser Dasein. Laß' uns unser irdisches Selbst in vollem Umfang ausschöpfen, laß' uns gemeinsam unsere eigene Existenz und die unserer Freunde versüßen und verschönern.«* Wässern Sie Ihre Rose, lieben Sie sie und halten Sie sie in Ehren. Schneiden Sie regelmäßig Blüten für Ihren Liebesaltar ab. Und legen Sie jedes Jahr einen neuen »Knoten« unter die Wurzeln, um Ihre Liebe und Ihre Absichten zu bestätigen.

Pasta lavandula ❤ ZUR BERUHIGUNG DES GEMÜTS UND ZUR ERREGUNG DER SINNE. Zu diesem

Pastagericht gehört es, daß Sie vor der Ankunft des Geliebten einen Zauber vollführen und anschließend eine Mahlzeit für zwei auf der Grundlage von Lavendel und -öl zubereiten, die die Eigenschaften haben, zu besänftigen und zu beruhigen – und gleichzeitig die Sinne zu erregen.

SIE BRAUCHEN

6mal 1 m lavendelfarbenes Seidenbänder; 1 Strauß getrockneten Lavendel; 6 kleine nach Lavendel duftende Kerzen; ein kleines Foto von Ihnen und Ihrem Liebsten, gemeinsam lächelnd; Bandnudeln mit einem leichten Dressing aus Olivenöl, Salz und Lavendelblüten; einen Salat mit Lavendelblüten

MONDPHASE: *Vollmond*

❤ WICKELN SIE ZUNÄCHST DIE SECHS SEIDENBÄNDER LOSE UM IHRE RECHTE HAND (oder die Linke, wenn Sie Linkshänderin sind). ❤ STELLEN SIE DEN LAVENDELSTRAUSS IN EINE VASE IN DER MITTE DES TISCHES und stellen sie die Kerzen in einem Kreis darum herum. Decken Sie den Tisch so, daß die Platzdecken einander gegenüberliegen. ❤ FÜHREN SIE DAS FOTO ÜBER DEN LAVENDELSTRAUSS HINWEG, zünden Sie die Kerzen an und führen Sie es jetzt über die Flamme jeder Kerze. Legen Sie nun das Foto in die Mitte des Kerzenringes und stellen Sie sich vor, daß Sie Ihrem Partner einen starken elektrischen Strom der Liebe in der Form eines lavendelfarbenen Lichtstrahls schicken. Legen Sie zur Unterstützung die Seidenbänder gegen die Mitte der Stirn. Halten Sie das Bild Ihres Liebsten im Licht für einen Augenblick fest, entspannen Sie sich anschließend und wickeln Sie die Seidenbänder von Ihrer Hand. Löschen Sie sanft die Kerzen und umwickeln Sie jede mit einem Seidenband.

❤ LASSEN SIE DEN TISCH GENAUSO, WIE ER NUN IST, WÄHREND SIE DAS ABENDESSEN ZUBEREITEN. Vermischen Sie die Lavendelblüten, das Olivenöl und das Salz und stellen Sie die Mischung beiseite. Bereiten Sie den Salat zu. Kochen Sie die Nudeln und fügen Sie kurz vor dem Essen Ihr Lavendel »Pesto« hinzu. Arbeiten Sie Ihre ganze Liebe in das Gericht mit hinein und setzen Sie es Ihrem Geliebten vor. Bitten Sie ihn, die Kerzen, die immer noch von den Bändern umwickelt sind, wieder zu entzünden, und warten Sie ab, was sich bis zum Ende des Essens ergeben wird.

Dieser Zauber ist sehr wirkungsvoll, wenn beide Partner vom täglichen Einerlei erschöpft sind und Hilfe brauchen, um ihre Beziehung wieder mit Romantik und Leidenschaft zu erfüllen.

Der Spiegel der Venus ♥ EIN SPIEGEL ERWECKT STARKE ERINNERUNGEN AN VENUS UND

IHRE KAMMERZOFEN; das gleiche gilt für die Muschel, aus der sie geboren wurde. Halten Sie diese beiden mächtigen Symbole der Liebe in Ehren, und sie wird Ihre Vereinigung ehren.

SIE BRAUCHEN

Ein kleines Stück Spiegelglas, auf eine Größe zugeschnitten, in der es gut in Ihr Schlafzimmer paßt; einen starken Rahmen für den Spiegel; Muscheln unterschiedlicher Größe; Goldfarbe (falls gewünscht)

MONDPHASE: *Beliebig (und häufig)*

♥ DIES IST EIN ZAUBER, DER, WENN MAN REALISTISCH IST, VIELE MONATE BRAUCHT, BEVOR ER WIRKSAM WIRD. Die Symbolsprache ist sehr schön, und der am Ende entstehende Spiegel wird Sie ständig an die Widerspiegelung Ihrer Liebe zueinander erinnern. Lassen Sie den Spiegel zunächst rahmen (Sie können auch einen gerahmten kaufen, wenn Sie einen finden, der Ihnen wirklich gefällt), dann richten Sie sich einen Tisch oder Arbeitsplatz für die bevorstehende Arbeit ein. Kleben Sie – am besten gemeinsam mit Ihrem Partner – die Muscheln möglichst dekorativ auf den Rahmen des Spiegels. Kombinieren Sie Farben und Formen und beginnen Sie an gegenüberliegenden Ecken. Singen, sprechen Sie freundlich miteinander, während Sie arbeiten; spielen Sie eine Musik, die Sie beide mögen. Nutzen Sie das Bewußtsein, das von den Farben der von Ihnen ausgesuchten Kerzen ausgelöst wird. Arbeiten Sie lieber in kleinen Schritten und lange als hastig; und streiten Sie sich niemals im Angesicht des Spiegels. Denken Sie daran: Dies ist ein ganz besonderes Stück, an dem Sie da arbeiten, und es sollte den besten Teil Ihrer Liebe füreinander widerspiegeln. ♥ WENN ALLE MUSCHELN IHREN PLATZ GEFUNDEN HABEN, können Sie entweder die Ränder noch vergolden oder sie natürlich belassen – ganz wie Sie dies wünschen. Der fertige Spiegel wird Ihnen gefallen, und er sollte in Ihrem Schlafzimmer hängen oder stehen.

Dieser Zauber kann auf viele verschiedene Arten und Weisen angewandt werden: Eine enge Freundin arbeitete an ihrem Spiegel, während ihr Liebster auf einer Auslandsreise war. Als er wieder zurückgekehrt war, gab sie ihm den Spiegel, und seitdem ist ihre Beziehung immer stärker geworden.

Anhang ♥ DAMIT MAGIE WIRKLICH FUNKTIONIERT, MUSS SIE EIN PERSÖNLICHES ELEMENT ENTHALTEN,

DENN SIE IST EIN TEIL IHRER SELBST, IHRER EIGENEN SEELE, WAS SIE DEM ZAUBER AUF DEN WEG GEBEN. Am besten fügen Sie ihm einen symbolischen Glücksbringer oder einen einfachen Gegenstand bei, den Sie mit der von Ihnen geliebten Person und/oder Ihnen selbst identifizieren. Dabei kann es sich um eine ganz direkte Darstellung handeln (z.B. ein Stück Metall für jemanden, der »Schmied« heißt) oder einen Gegenstand, den er liebt (eine Note für einen Musiker oder Musikliebhaber, ein Boot für einen Reisenden oder begeisterten Segler etc.). Am besten jedoch eignen sich mystische Symbole, die nur Sie verstehen. Die folgende Aufzählung ist eine Auswahl von Symbolen, die seit langem mit Zauberritualen assoziiert sind. Treffen Sie Ihre eigene Wahl.

APFEL: der Venus/Aphrodite heilig; zeigt einen Stern, wenn man ihn in der Mitte aufschneidet. Ein goldener Apfel bedeutet Beharrlichkeit.

BERG: etwas Großes oder Fremdes.

BIENE: arbeitet hart; stellt auch die Bescheidenheit in der Liebe dar sowie die Heilung von Schmerzen (Amor wurde von einer Biene gestochen, während er eine Honigwabe stahl). Ein Bienenkorb segnet die Liebe in Ihrem Haus, ein starker Glücksbringer.

BLUMEN: von Flora, die den Frühling und damit Hoffnung und Erneuerung bringt.

BOGEN: ein Jäger oder dieselben Attribute wie Amors Pfeil.

BOOT: jemand, der reist oder sich in der Fremde aufhält.

BRUNNEN: stellvertretend für den Garten der Liebe.

BUCH: symbolisiert eine gelehrte Person sowie das Wissen selbst.

DELPHIN: diese Wesen zogen den Wagen der Venus, bringen also Liebe.

DRACHEN: Fruchtbarkeit und Kraft.

DREIZACK: steht für Neptun und das Meer; wird manchmal von Fische-Personen als Glücksbringer gewählt.

EBER: bedeutet ungezügelte Leidenschaft.

EFEU: Unsterblichkeit (wie Immergrün), somit Beharrlichkeit in der Liebe und anderen Unternehmungen.

EICHE: der Baum der Kraft und Weisheit, war den Druiden heilig; besagt, daß die Liebe siegen wird.

EICHEL: wächst aus etwas Kleinem hervor; steht für Fruchtbarkeit und göttlichen Schutz.

EINHORN: das geheimnisvollste aller Tiere, Beschützer der Frauen; mildert Vergiftungen ab.

ENGEL UND CHERUBINE ODER PUTTEN: Boten der Götter und (in der Antike) der Liebe.

ERDKUGEL: jemand, der in mehr als einem Land gelebt hat oder reisen möchte.

FÄDEN: gewöhnlich werden drei Fäden zusammengeflochten; symbolisieren die drei Parzen.

FINGERHUT: ein mächtiger Glücksbringer, Symbol der geduldigen Arbeit. Kann auch jemanden symbolisieren, die oder der mit den Händen arbeitet.

FLEDERMAUS: symbolisiert das Verstreichen der Nacht und die Hexenstunde.

FLÜGEL: Sieg des Geistes.

FROSCH: kennt die Geheimnisse der Hexerei, ein Glückssymbol.

GEIGE ODER BRATSCHE: stehen für die »Musik der Sphären« und damit für die verführerische Liebe.

GLOCKE: Fordert jemandes Aufmerksamkeit ein.

HASE: Manchmal eine Hexe, ein Bote oder auch eine schüchterne Person.

HIRSCH: gewöhnlich ein persönliches Emblem; steht für Gewandtheit und geschärftes Wahrnehmungsvermögen, mit denen eine Gefangennahme vermieden wird; er steht mit dem Gehörsinn in Verbindung, und Hexen und Zauberer versuchen seine Bewegungslosigkeit zu erreichen.

HONIG: (in einem Topf oder einer Wabe) ein Symbol der Kraft und Schönheit der Liebe.

KAMEL: die Fähigkeit, eine Zeit der Trennung von der geliebten Person zu ertragen.

KANINCHEN: steht in Verbindung mit Venus (und natürlich mit Fruchtbarkeit).

KATZE: Glücksbringer für Hexen, sie kennt die Geheimnisse der Nacht.

KERZE: viele symbolische Beziehungen zu Licht und Wissen; steht in der Liebe für das Verwandeln des Funkens zur stetigen Flamme.

KIRSCHE: die Frucht des Paradieses.

KLEE: immer ein Glückssymbol (Vieh, das auf Klee weidet, gedeiht immer prächtig); ein vierblättriger Klee bedeutet immer Glück.

KNOTEN: Symbol der unauflöslichen Einheit; der stärkste Knoten bildet die Zahl Acht.

KORB: voller Blumen steht er für Hoffnung, voller Obst für Fruchtbarkeit und Leidenschaft.

KORN: Fruchtbarkeit, auch ein Anzeichen für besondere Nachrichten.

LEIER: erinnert an Lyrik sowie die Fähigkeit, jemandem den Hof zu machen; wo Orpheus seine Leier ablegte, wuchsen Veilchen.

LEITER: Aufstieg oder Fortschritt.

LILIE: Reinheit und Hingabe; eine Tigerlilie bedeutet leidenschaftliche Liebe.

LORBEER: als Kranz der Preis für Klugheit oder herausragende Leistung.

MARIENKÄFER: ein sehr glückliches Symbol für die Vorsehung, ein gutes Omen für Reisen.

MOHN: Symbol der Macht der Hypnose, des Schlafes und der Träume.

MOND: Lampe der Nacht; steht im Mittelpunkt vieler Rituale und Liebeszauber; ist verbunden mit Ebbe und Flut (auch der Gefühle).

MUSCHEL: ist (vor allem als Kamm- oder Spiralmuschel) Symbol des Fremden; in der Liebe besonders mächtig, da aus ihr Venus geboren wurde; darüber hinaus ist sie Heimat von Meeresbewohnern.

MUSIKINSTRUMENTE: Symbole der Liebe, denn Musiker sind »Kinder der Venus«.

MYRTE (IMMERGRÜN): ein mächtiger Talisman der ehelichen Treue.

NELKE: ein Symbol für Verlöbnisse – vor allem, wenn sie rot ist.

PFEIL: gehört zu Amor; goldfarben entfacht er die Liebe, wenn aus minderem Metall, weist er sie zurück.

QUITTE: stammt von Venus, steht daher für Fruchtbarkeit und ist ein Symbol der Ehe.

REGENBOGEN: steht für die Kommunikation mit den Göttern; da die Vermischung aller Farben das perfekte Weiß ergibt, ist er sehr wichtig für das Zaubern; wenn Sie das Regenbogenspektrum in Ihrem Haus/Ihrer Wohnung neu schaffen, ist Ihnen das Glück sicher.

RING: das universelle Symbol der ewigen Liebe.

ROSE: die Blume der Jungfrau und vor allem der Liebe, denn sie ist Venus geweiht; nach der Legende erschien sie bei ihrer Geburt. Die Stiche ihrer Dornen werden mit den Wunden der Liebe verglichen. Ursprünglich war die weiße Rose der Liebe geweiht, aber als Venus herbeieilte, um dem sterbenden Adonis zu helfen, stach eine Dorne in ihren Fuß und färbte die Rose rot mit ihrem Blut. Somit ist die rote Rose ein Symbol der Leidenschaft.

SCHAFGARBE: das Kraut der Hexe und (recht passend) ein Strauß für eine junge Braut.

SCHLÜSSEL: Treue in der Liebe.

SCHMELZTIEGEL: symbolisiert die Alchimie.

SCHMETTERLING: Reinkarnation und (vor allem in der Liebe) Sanftmut.

SCHWAN: Venus (und somit den Liebenden) geweiht; Schwäne zogen den Meereswagen der Venus.

SCHWERT: Symbol für Gerechtigkeit; steht in der Liebe manchmal für eine gequälte Seele.

SEEPFERDCHEN: ein äußerst wirksames Glückssymbol; es ist Bote im Meer und an Land und wird von den Göttern geliebt.

SEGEL: ebenfalls der Venus geweiht, es steht für ihre Geburt; symbolisiert häufig einen Reisenden.

SEIDENBAND: siehe »Fäden«.

SONNENBLUME (MANCHMAL RINGELBLUME): Blume der glühenden Liebe, die sich für immer der Sonne zugewandt hat; wird in der Zauberei verwandt, um düstere Stimmungen aufzuhellen.

SPIEGEL: Selbsterkenntnis und Wahrheit.

SPIELKARTEN: Ahnung und Weissagung; Herz-As: eine Aufforderung zur Liebe; Herz-Neun: ein erfüllter Wunsch; König oder Königin: die geliebte Person; Bube: nicht vertrauenswürdig.

SPINNWEBE: Symbol der Spinne und des Spinnens und gilt als sehr glückbringend; Spinnen helfen häufig Menschen, die Ehrfurcht für Lebewesen gezeigt haben. Das Spinnennetz steht für das »Gespinst des Lebens« und die einzelnen Stränge des Lebensfadens.

STERNE: buchstäblich Gottheiten; mit einem Stern zu sprechen heißt, mit einem Gott zu kommunizieren.

STIEFMÜTTERCHEN: die wirkungsvollste Blume der Liebe.

STORCH: Überbringer von Neuigkeiten, mit Merkur verbunden.

STÖSSEL UND MÖRSER: der Zauberer oder Alchimist.

VATER ZEIT: er enthüllt die Wahrheit und zeigt, daß am Ende die Gerechtigkeit siegen muß.

VEILCHEN: Bescheidenheit und Süße; ein Halsband aus Veilchen schützt vor Täuschung, manchmal wird es »Amors Blume« genannt; als Io von Zeus in eine Kuh verwandelt wurde, damit sie vor Heras Eifersucht geschützt war, schossen Veilchen aus dem Boden. Sie sind also die Nahrung der Liebe.

VOGEL: Symbol für die Seele; der Distelfink soll seinen roten Fleck bekommen haben, als er einen Dorn aus Jesu Stirn zog, als dieser auf dem Weg nach Golgatha war; die Eule ist klug; die Amsel hat einen besonders starken Zauber, denn ihr Lied verzaubert den Zuhörer; die Taube ist der Vogel der Venus.

WEBSTUHL: Symbol für die webende (und somit verzaubernde) Frau.

WEINREBE: die Ernte, der wichtigste Abschnitt des Zauberkalenders.

WEIZENÄHRE: wie das Korn Fülle und Überfluß.

WIND: entweder Zephir, der warme Westwind, der als Ehemann der Flora die Blumen des Frühlings bringt; oder Boreas, der kalte Nordwind, der Beziehungen beendet oder für eine lange Zeit des Leidens steht.

WÜRFEL: ein Glücksspiel.

ZAUBERSTAB: symbolisiert Wissen und zielgerichtetes Denken; der Talisman der Zauberer.

Ätherische Öle in der Zauberei ❤ ALS MEINE GROSSMUTTER NOCH

LEBTE, WAREN VIELE DER DUFTENDEN GEBRÄUE, DIE SIE BEIM ZAUBERN BENUTZTE, (VORSICHTIG AUSGEDRÜCKT) UNSCHÖN ZU SEHEN. Die Eigenschaften der Kräuter und Essenzen waren jedoch für die seelische Verfassung der zaubernden Person von entscheidender Bedeutung, und unangenehme Farben mußten manchmal ertragen werden. Das ist heute anders, denn die Aromatherapie hat kleine Fläschchen mit ätherischen Ölen mit sich gebracht, die uns allen heute bekannt sind. Die nachfolgende kurze Liste ist nur eine Zusammenfassung der am meisten verwendeten bzw. vielseitigsten Öle. Benutzen Sie sie nach Gebrauchsanweisung zum Salben von Kerzen, für Bäder und als Zimmerdüfte.

ALRAUNENWURZEL: nur für Altäre zu verwenden; sie ist das stärkste Zauberkraut.

BASILIKUM: ein gutes, allgemein verwendbares Öl; konzentriert die Gedanken und hellt die Stimmung auf.

BERGAMOTTE: gut gegen Introvertiertheit und nach unten gerichtete Stimmungsspiralen.

CALENDULA: telepathisches Öl, erhält die Liebe am Leben.

EUKALYPTUS: durchschneidet die Luft, ein gutes hellseherisches Öl.

FENCHEL: bezähmt den Appetit.

GERANIE: wie der Lavendel – Tausende von Anwendungen! Erotisch, schafft Anhänglichkeit (und bricht sie wieder ab); sehr nützlich bei vielen Zaubern.

GRAPEFRUIT: wird traditionsgemäß verwendet, wenn jemand sich von der Vergangenheit loslösen soll.

GRÜNER SALAT: bringt Schlaf und überwindet übergroßen sexuellen Appetit.

JASMIN: sehr sinnlich; ist teuer, aber ein Duft für Liebende und hilft sexuelle Ängste überwinden.

KAMILLE: ausgezeichnet, wenn Sie müde sind oder Sorgen haben.

KAMPFER: ein gutes telepathisches Öl; wird auch verwendet, um ungebetene Verehrer zu ernüchtern.

LAVENDEL: eignet sich für alles: Leidenschaft, Reinigung, zum Schutz, bei Unsicherheit. Auch sehr wertvoll im Erste-Hilfe-Kasten zur Behandlung von Verbrennungen, Bissen und Hautverletzungen.

MÄDESÜSS: ist vielleicht nicht als Öl erhältlich, aber streuen Sie das Kraut auf den Altar; ist sehr aufheiternd.

MAJORAN: besänftigt Feindseligkeit und Angst, eignet sich also gut für Versöhnungs-Essen.

MUSKATELLERSALBEI: lädt Ihre Batterie wieder auf.

MYRRHE: um mit den Gottheiten zu sprechen.

PATSCHULI: hellt die Gedanken auf, verbessert die kreativen Energien.

PFEFFERMINZE: das richtige Öl zum Studieren und zur Konzentration der Gedanken.

PFINGSTROSE: (Parfümöl), sehr exotisch; auch gut bei Geld-Zaubern.

POMERANZEN UND ORANGEN: ein Heirats-Öl.

ROSE: reines Rosen-Öl, in Liebes-Zaubern das wichtigste Öl. Beruhigt auch die Nerven und hilft bei Niedergeschlagenheit und Trauer; kann auch zu stark nostalgische Gedanken wieder in die Gegenwart holen.

ROSMARIN: ein männlicher Duft; für die Klarheit des Denkens und als Aufforderung zum Handeln.

SANDELHOLZ: ein gutes Liebes-Öl; bekämpft Selbstzweifel und bleibt in der Erinnerung haften; ist auch stark reinigend.

TEEBAUM: die australische Antwort auf den Lavendel; setzt Heilungsprozesse in Gang.

VANILLE: exotisch; bei Glücksbringern und in Duftmischungen.

VEILCHEN: waschen Sie die Hände und baden Sie den Kopf in Veilchen- oder Rosen-Öl (verdünnt in warmem Wasser), bevor Sie Liebezauber anwenden, wenn Sie eine wirklich starke Energie erzielen wollen.

WACHOLDER: wird häufig in Schutzritualen und allgemeinen Liebeszaubern verwendet.

WEIHRAUCH: ein Fürst unter den Ölen; ausgezeichnet zur Beruhigung von Gefühlen und Ängsten.

YSOP: vor allem für Geld und Wohlstand.

YLANG-YLANG: das dritte entscheidend wichtige sinnliche Öl; bekämpft Zorn und Frustration.

ZITRONE: behandelt selbstsüchtige Gedanken.

ZITRONENGRAS: stimuliert das System; gut für jemanden, der wenig Interesse an der Liebe zeigt.

ZITRONENMELISSE: ein weibliches Kraut; auch gut zur Behandlung von Ängsten und Schock.

ZYPRESSE: manchmal verwendet, um Ängste und Eifersucht zu bekämpfen.

Der Baum/Mond-Kalender der Druiden ♥ DIE KELTEN

KENNZEICHNETEN DIE MONATE EINES JAHRES ANHAND DER DREIZEHN MONDE, die sie nach heiligen Bäumen benannten. Jeder Monat wurde von Vollmond zu Vollmond, d.h. vom Zeitpunkt seiner größten Kraft, gezählt, und der erste Mond des Jahres war jener, der auf den Tag der Wintersonnwende (21. Dezember) folgte. Die Monate haben auch Assoziationen, die Ihnen bei Ihrem Zaubern helfen können. ♥ DIE MONATE SIND: Birke (seltener: Olive), etwa Ende Dez.–Jan., der Mond des Anfangs; Eberesche, der Reisemond; Esche, der Mond des Heilens, der die Gezeiten beherrscht; Erle, der Geistmond, befaßt mit Selbsterkenntnis; Weide, der Mond der Liebe und Fruchtbarkeit; Weißdorn, der Friedensmond; Eiche, etwa gegen Jahresmitte, der stärkste Mond; Stechpalme, der Mond der Entzauberung und Prophezeiung; Hasel, der Mond der Klugheit und Realität; Wein, Erntemond; Efeu, der Mond des Schutzes und der Partnerschaft; Schilf, der häusliche Mond, Mond der Mutterschaft; Holunder (manchmal Myrte), der Mond der Vollendung, Mond der Verbannung. ♥ ZWISCHEN BIRKE UND HOLUNDER FAND DAS GANZE JAHR ÜBER EIN MAGISCHER PROZESS STATT. Vielleicht möchten Sie Ihre Zauber dadurch verstärken, daß Sie einen Zweig oder ein Stück Holz des je nach Jahreszeit passenden Baums einbeziehen.

Bezugsquellen

♥ **DUFTENDE ZIMMERPFLANZEN**
Schnittblumen, Duftpflanzen und Kräuter bekommen Sie im örtlichen Fachhandel (Gärtnereien, Gartencenter, Blumenläden u. a.). Sie finden die Adressen im Branchenfernsprechbuch. Am besten rufen Sie an und fragen, ob die von Ihnen gewünschten Pflanzen angeboten werden.

♥ **IN DEN EINSCHLÄGIGEN GARTENZEITSCHRIFTEN** können Sie sich über das Angebot von Pflanzenversendern und speziellen Anbietern von z. B. Duftrosen informieren.

♥ **ÄTHERISCHE ÖLE UND KERZEN**
Ätherische Öle, Potpourris, Räucherwaren, Kerzen und Duftlampen bekommen Sie zum Beispiel in Apotheken, Drogerien, Kosmetikläden, teilweise im Gartenfachhandel und sogar in Lebensmittelgeschäften.

♥ **VOTIVKERZEN**
sind Kerzen, die ca. 5,5 cm lang sind und einen Umfang von ca. 3,5 cm haben.

♥ **FAHRTEN MIT DEM HEISSLUFTBALLON**
Adressen finden Sie im örtlichen Branchenfernsprechbuch oder in örtlichen Zeitungen.

♥ **SILBERSCHMUCK**
Spezielle Schmuckstücke aus Silber können Sie bei einem Silberschmied oder Juwelier in Auftrag geben. Adressen finden Sie im Branchenfernsprechbuch.

♥ **BLUMEN**
David Austin Roses
Bowling Green Lane
Albrighton
Wolverhampton WV7 3HB
United Kingdom
Kataloge von alten und neuen Rosen

♥ **ESSBARES BLATTGOLD**
C. Cornelissen & Son
Artists' Colourmen
105 Great Russell Street
London WC1B 3RY
United Kingdom
Weltweiter Mailorder-Service

Index

Danksagung

Der größte Dank von allen für die Existenz dieses Buches geht an Zephyrine Losey, geb. am 14. August 1996, die auf magische Weise den Erfolg des Vorgängerbuches sicherstellte und mein Leben erfreut; sowie an Joe Johnson, geboren in derselben Woche wie Zephy und Sohn des talentierten Michael, der zusammen mit David Jones bei Johnson Banks diesen Band in seinen wunderschönen Zustand ästhetischer Anmut versetzt hat. Ein weniger esoterisches Dankeschön schulde ich der unverwüstlichen Anne P., hilfreiche Freundin und Verlegerin, Fiona Mac, die mich voller Liebe und Hingabe unterstützt hat, Sara, für ihre außerordentlichen, absolut zauberhaften Fotos, Samantha, meiner Baby-Hexe, meinen Großmüttern, die mich gelehrt haben, auf den Zauber im Leben zu achten und selbst zu zaubern, Philip Whelan, „Doc", und Sheila Fraser Milne für ihren Rat und ihre Liebe, und, last aber ganz gewiß nicht least, Gavrik, meinem Chefgärtner, Held und Mann meiner Träume.